# L'EMPIRE ALLEMAND

# LA TURQUIE

# ET L'EUROPE

PAR

## M. RAUDOT

Ancien député de l'Yonne

PARIS

LIBRAIRIE DE CHARLES DOUNIOL ET Cᵉ, ÉDITEURS

29, RUE DE TOURNON, 29

1877

# L'EMPIRE ALLEMAND

# LA TURQUIE ET L'EUROPE [1]

---

PREMIÈRE PARTIE.

I

La France et le monde ont été étonnés en 1866 de la force militaire de la Prusse, victorieuse de l'Autriche et de ses alliés, et bien plus étonnés encore en 1870 de la force militaire de l'Allemagne qui a écrasé les armées françaises. Mais on croit généralement que la France est du moins bien supérieure à l'Allemagne pour le commerce, l'industrie, l'agriculture, les finances, la richesse et que cette supériorité lui facilitera la revanche.

Cette supériorité est-elle bien réelle? Les Français, qui avaient tant d'illusions avant la guerre de 1870 sur l'invincibilité de leur armée, ne se font-ils pas maintenant des illusions d'un autre genre?

Examinons, sans parti pris, les faits constatés par les documents officiels et comparons.

---

(1) Cette étude a paru dans le *Correspondant*, (nº du 25 Octobre 1876), cette édition nouvelle est augmentée de documents très-importants et d'observations inédites.

### Commerce. — Commerce général.

En 1873 pour le Zollverein qui comprend, à quelques communes près, l'empire allemand

Les importations se sont élevées à 1,834,060,000 thalers, (soit à 3 fr. 75 le thaler) . . . . . . .  6,877,725,000 fr.

Les exportations à 1,241,580,000 thalers, soit. . . . . . . . . . .  4,655,925,000

Total. . . . . 11,533,650,000 fr.

En 1874 pour la France :

Importations. . . . . . . . . .  4,423,000,000 fr.

Exportations. . . . . . . . . .  4,702,000,000

Total. . . . . 9,125,000,000 fr.

L'ensemble du commerce général avec l'étranger a donc été pour l'Allemagne plus considérable qu'en France ; la différence est de 2 milliards 408 millions.

### Commerce spécial.

En 1873, Allemagne :

Importations, 1,419,111,000 thalers, soit. . . . . . . . . . . . .  5,321,666,000 fr.

Exportations, 829,660,000 thalers, soit. . . . . . . . . . . .  3,111,225,000

Total. . . . . 8,432,891,000 fr.

En 1874, France :

Importations. . . . . . . . . .  3,508,000,000 fr.

Exportations. . . . . . . . . .  3,701,000,000

Total. . . . . 7,209,000,000 fr.

L'Allemagne a en plus 1 milliard 223 millions (pages 28 et 310 de l'*Annuaire de l'économie politique de 1876*).

L'acroissement du commerce extérieur de l'Allemagne est très considérable chaque année.

Le produit des droits de douanes du Zollverein n'avait été en 1871, que de 119,393,782 fr. Il s'élève en 1872, à 153,162,833 fr; en 1873, à 168,399,731 fr. (page 315 de l'*Annuaire*.)

Il est vrai qu'en 1874 la recette ne s'est élevée qu'à 144 millions, c'est qu'une loi du 7 juillet 1873 avait fait de notables réductions de droits, l'Allemagne pouvait diminuer ses impôts, mais le commerce extérieur n'en sera que plus actif.

Quant au commerce intérieur il doit être plus considérable en Allemagne qu'en France, sa population est plus élevée de 6 millions, la poste allemande, en 1874, a transporté 521,900,000 lettres particulières et 487,000,000 cartes postales, échantillons, imprimés sous-bande, journaux, etc. Total 1,008,900,000. Dans la même année la poste française n'a transporté que 350,594,736 lettres particulières et 425,315,264 cartes postales, etc. Total, 775,910,000 c'est-à-dire 232 millions de moins qu'en Allemagne, (pages 366 de l'Almanach de Gotha et 176 et suivantes de l'annuaire de 1876); enfin les voies de communications entre les différentes parties de l'empire allemand sont encore plus faciles et plus nombreuses qu'en France, en voici la preuve :

### Chemins de fer.

Au 31 décembre 1875 il y avait en exploitation :
27,956 kilomètres en Allemagne ;
et 19,802 kilomètres en France.
________
8,154 kilomètres en plus.

(Pages 184 et 329 de l'*Annuaire*.)

Les chemins de fer sont des instruments de paix et de guerre. Ils donnent des facilités extrêmes au commerce, à l'industrie, à l'agriculture, aux relations des hommes et des peuples, mais aussi aux mouvements, à la rapide concentration, à l'alimentation des troupes, aux transports du matériel et des munitions; ils sont un instrument puissant de guerre pour la défense, mais surtout, pour l'attaque et l'invasion. Depuis la dernière guerre, dix chemins ou embranchements nouveaux ont été faits en Allemagne dans la direction de la France.

### Marine marchande.

L'empire allemand n'est baigné que par une partie de la Baltique et de la mer du Nord; l'étendue de ses côtes n'est que les deux cinquièmes à peu près de celle des côtes de la France et cependant la marine marchande allemande est plus considérable que la nôtre.

Au 1ᵉʳ janvier 1875, le nombre des navires à voiles et à vapeur au-dessus de trente tonneaux, était en Allemagne de 4,054, jaugeant. . 1,055,687 tonneaux.

En France de 5,075 ne jaugeant que. . . . . . . . . . . 948,675 —

En plus. . . . 107,011 tonneaux.

C'est-à-dire une supériorité pour l'Allemagne de plus d'un dixième.

Et cette supériorité est en réalité plus grande. Le navire français jauge en moyenne 187 tonneaux, le navire allemand 260, le plus grand nombre des navires français ne peut servir qu'à la petite pêche et au petit cabotage et notre marine emploie plus de matelots pour un travail moindre.

Si l'on considère à part les navires à vapeur au-dessus de trente tonneaux on constate,

En France 417 navires jaugeant   192,974 tonneaux
En Allemagne 263 jaugeant        189,304      —

Il semble au premier aperçu que la France a sur ce point une légère supériorité, mais il n'en est rien : la moyenne du tonnage français étant beaucoup moindre ; 460 tonneaux par navire français et 720 par navire allemand.

Si l'on compare les grands navires à vapeur de mille tonneaux et au-dessus destinés au long cours notre infériorité sera encore plus marquée.

Il y a en France 58 navires jaugeant. 101,960 tonneaux.
En Allemagne 59 jaugeant. . . . . 124,709      —

En plus. . . . . 22,749 tonneaux.

La marine à vapeur qui peut naviguer par tous les temps, aller beaucoup plus vite et faire par conséquent plus de voyages et de transports par an, s'accroit rapidement en Allemagne. Elle comptait (en comprenant le petit nombre de navires au-dessous de 30 tonneaux)

en 1871, 147 navires jaugeant 81,993 tonneaux
en 1872, 175    —         —      97,030    —
en 1873, 246    —         —     129,521    —
en 1874, 253    —         —     167,633    —
en 1875, 299    —         —     189,999    —

Quant à l'accroissement de la marine marchande française, il est à peu près nul ; de tous les ports français s'élèvent des plaintes et des cris de détresse. Dans nos propres ports le nombre des navires français, entrant et sortant chargés, n'atteint pas à beaucoup près celui des navires étrangers. En 1874 notre marine n'a pris part aux mouvements entre la France et ses colonies, la grande pêche et l'étranger que dans la proportion de 36 3/4 pour cent quant au tonnage (pages 34, 316 et suivantes de l'*Annuaire*).

Aussi la construction des navires en France diminue chaque année. Le gouvernement, les Chambres sont saisis de nombreuses pétitions qui réclament le concours de l'Etat pour empêcher la décadence totale de notre marine, et des commissions nommées par le gouvernement, par les Chambres, n'ont pu jusqu'à présent que constater l'étendue du mal sans trouver le remède.

La décadence de la marine marchande a pour conséquence l'affaiblissement de la marine millitaire.

Il n'y a point de véritable marine militaire sans matelots et point de matelots sans une flotte de navires marchands. Une flotte militaire qui n'aurait point pour se recruter une nombreuse population de matelots exercés, pourrait remporter d'abord des avantages, mais devrait bientôt succomber ou se réfugier honteusement dans le port, accablée par un ennemi qui réparerait facilement ses pertes.

Avant les dernières guerres, l'Allemagne n'avait presque point de marine militaire, elle fait maintenant de grands efforts pour en créer une puissante et formidable.

L'art des constructions navales militaires a depuis un certain nombre d'années complétement changé.

Plus de vaisseaux à voiles, mais des vaisseaux à vapeur blindés, cuirassés, armés de canons d'une portée et d'une force extraordinaires.

Les nations anciennement puissantes sur mer sont encombrées de vaisseaux de vieux modèles, à peu près complétement inutiles, l'Allemagne ayant pour ainsi dire tout à créer, dépense des sommes considérables pour avoir des vaisseaux tels que les a inventés et perfectionnés la science la plus récente ; sa flotte militaire sera bientôt formidable.

Elle a déjà 47 navires à vapeur jaugeant 64,198 tonneaux,

d'une force de 72,150 chevaux, portant 321 de ces canons monstres, dans le genre de celui que nous avions vu à l'Exposition universelle de Paris en 1867, et dont se moquaient alors si agréablement les Parisiens qui depuis....

L'Allemagne a en outre en construction 3 vaisseaux d'une force de 12,600 chevaux, de 8,687 tonneaux et devant porter 25 canons. (pages 356 et 360 de l'*Almanach de Gotha* de 1876.)

La *Revue des Deux-Mondes* dans, son numéro du 1ᵉʳ novembre 1876, publie un travail très important sur *la marine française et son budget*. Il n'est pas signé, mais est évidemment l'œuvre d'un personnage très compétent et très autorisé ; il confirme mon opinion. Voici ses paroles :

« L'Allemagne de son côté a non seulement à protéger une marine marchande qui s'accroit aussi rapidement que la notre décroit, mais suivant l'expression du ministre de Roon elle doit « défendre les côtes de la mer du Nord et de la mer Baltique et secondement maintenir à l'avenir son influence européenne vis à vis des nations accessibles par mer. » Rien de plus naturel qu'elle agisse en conséquence et pour créer vite, pour atteindre le rang de troisième puissance navale auquel elle touche aujourd'hui, elle met à profit la circonstance exceptionnellement favorable d'avoir beaucoup d'argent à dépenser, point d'esprit de routine à surmonter et point de rouages inutiles dans son administration pour tout entraver. Comme les énergiques émigrants dont elle couvre le monde elle attaque avec les outils et les moyens les plus perfectionnés, un sol vierge dans lequel les plantes parasites n'ont pas eu le temps de pousser leurs dévorantes racines...

« On le voit, dans notre opinion si profondément arrêtée, la France posséde comme nous le disions plus haut, tous les éléments d'une marine puissante. Cependant il faut

bien l'avouer et il faut mieux le savoir, car en fait de
force navale rien n'est plus fatal que les illusions, notre
marine n'est pas ce qu'elle devrait être : le personnel
souffre, le matériel est arriéré et insuffisant. Toute notre
organisation navale a subi et subit un temps d'arrêt
regrettable surtout à une époque de progrès et de transi-
tion comme la nôtre, où l'invention et les découvertes
procèdent par bonds prodigieux, l'arme qui tenait l'ennemi
en respect se change en roseau du jour au lendemain. »

### Combustibles minéraux.

Tout le monde sait quelle est l'importance capitale de la
houille; c'est le pain de l'industrie, c'est le nerf de la
guerre aussi bien que l'argent.

La production si abondante de la houille est une des
causes principales de la grandeur et de la puissance de
l'Angleterre.

L'Allemagne ne peut pas encore rivaliser sur ce point
avec la Grande-Bretagne dont la production a été en 1874
de 125,043,247 tonnes (page 409 de l'*Annuaire de l'économie politique de* 1876), mais elle a des bassins houillers
très-importants et sa production minérale est déjà fort
considérable.

En 1873 l'extraction de la houille et des lignites s'est
élevée à 46,145,000 tonnes (Houilles 36,392,000 et lignites
9,753,000).

En France la production des combustibles minéraux a été pour 1874
de . . . . . . . . . . . . . . . . . 17,059,547 tonnes.

En comparant ce chiffre à celui de
la production de l'Allemagne en 1873.   46,145,000   —

La supériorité de l'Allemagne serait de.   29,085,453 tonnes.

c'est-à-dire une production presque trois fois plus considérable.

En France la production s'accroît sans doute ; ainsi en 1869 elle était

de . . . . . . . . . . . . 　13,216,622 tonnes.
ce qui, comparé aux . . . . . . 　17,059,547 —

de 1873, donne . . . . . . . . 　3,842,925 tonnes.
d'augmentation en quatre ans.

Mais en Allemagne l'augmentation est bien plus rapide.
En 1873, production . . . . . 　46,145,000 tonnes,
En 1871, 　— . . . . . . . 　36,980,000 —

Augmentation en deux ans. . . . 　9,165,000 tonnes.
(pages 200, 201, 202, 319 et 320 de l'*Annuaire de* 1876).

Il est donc probable que la production de l'Allemagne est encore beaucoup plus considérable en 1876 et dépassera cinquante millions de tonnes, tandis qu'en France, pour les huit premiers mois de la première année 1876 on a importé de la houille pour une valeur

de . . . . . . . . . . . . . 　119,995,000 fr.
et exporté pour une valeur de . . . 　9,859,000 »

Excédant d'importation . . . . . . 　110,136,000 fr.

### Le Fer.

On dit depuis longtemps : la production plus ou moins abondante du fer est un des signes et une des causes de la prospérité et de la force des Etats.

Avec des combustibles minéraux si abondants cette production est naturellement très-considérable en Allemagne.

Une admirable invention a eu lieu de nos jours pour faire directement et économiquement de l'acier, c'est une amélioration dont les avantages sont immenses.

En 1871, la quantité d'acier fabriquée en Allemagne, s'élevait déjà à 254,512 tonnes, d'une valeur de 111,020,000 francs. Elle a dû beaucoup augmenter jusqu'à l'année présente comme elle avait augmentée antérieurement d'année en année.

En 1862, l'Allemagne ne produisait que 40,916 tonnes d'une valeur de 23,182,203 fr.; elle a sextuplé sa production en neuf ans.

La France en 1874, n'a produit en acier brut et fondu que 221,684 tonnes, c'est-à-dire 32,828, de moins que la production de l'Allemagne en 1871, trois ans auparavant. (Pages 206 et 209 de l'*Annuaire*.) Quelle doit être la différence aujourd'hui !

La fabrication de l'acier, dit l'*Annuaire* (pages 320), a pris en Allemagne un tel développement qu'elle parait avoir dépassé celle de toutes les nations concurrentes, tant en ce qui concerne la qualité que par rapport à la quantité de la production.

M. Ernest Levisse, dans un travail très-intéressant qu'il vient de publier dans le n° du 15 novembre dernier, de la *Revue des Deux-Mondes*, sur la *Crise économique en Allemagne*, s'exprime ainsi :

« La nature a donné à l'Allemagne tout ce qui est nécessaire au développement de l'industrie, et d'abord ces matières nécessaires et vivifiantes, le charbon et le fer, qu'elle possède en plus grande abondance qu'aucune autre nation de l'Europe, l'Angleterre seule exceptée..... »

Plus loin il ajoute :

« L'Allemagne n'est point le pauvre pays que s'imaginent trop de Français. »

### Population.

Le recensement de l'empire allemand a eu lieu, selon l'usage, le 1er décembre 1875. Il a constaté une population présente sur les lieux de 42,757,812 habitants.

Le précédent recensement fait le 1ᵉʳ décembre 1871 avait donné un total de 41,058,792 habitants. L'augmentation est donc de 1,699,020 habitants en quatre ans, soit, 4,04 pour cent.

Dans la période précédente, comprenant également quatre années de 1867 à 1872, l'augmentation n'avait été que de 981,617 ou 2,32 pour cent. (Voir le n° du 19 juin 1876, du *Journal officiel de la République Française*.)

C'est dans le royaume de Prusse et ensuite dans la Saxe-Royale que l'augmentation a été la plus forte. Quant à l'Alsace-Lorraine annexée, la population a diminué :

D'après le recensement du 1ᵉʳ décembre 1871, elle avait. . . . . . . . . . . . . . . 1,549,738 habitants.

D'après celui du 1ᵉʳ décembre 1875 elle n'a plus que . . . . . . . . . 1,529,408    —

Diminution. . . . . . . . . . .    20,330 habitants.

(Voir page 329 de l'*Annuaire de l'Économie politique* de 1876.)

Dans ces quatre dernières années l'accroissement de l'empire d'Allemagne sans l'Alsace-Lorraine a donc été de plus de dix-sept cent mille âmes, 425,000 âmes en moyenne par an, probablement par le seul excédent des naissances sur les décès et malgré l'émigration.

Nous ne connaissons pas encore le mouvement de la population de l'Allemagne d'après les actes de l'état civil pendant ces quatre années, l'*Almanach de Gotha* de 1876, page 343, ne donne que l'année 1872. Voici les chiffres :

Mariages. . . . . . . . . . . . . . . .    423,900
Naissances (non compris les morts-nés.).   1,626,037
Décès . . . . . . . . . . . . . . . . .   1,194,732

Excédant des naissances. . . . . . . .    431,305

Les trois autres années ont dû présenter des résultats

à peu près semblables pour que le recensement ait donné une augmentation de dix-sept cent mille âmes.

La France, d'après son dernier recensement, avait au milieu de l'année 1872, 36,102,923 âmes. Elle avait donc 4,955,869 de moins que n'en avait l'empire allemand au 1er décembre 1871.

Aujourd'hui la différence est encore plus forte. Dans ces trois ans et demi, qui séparent le milieu de 1872 du 1er janvier 1876, la population de la France a augmenté beaucoup moins rapidement qu'en Allemagne.

Nous avons le mouvement de la population en 1872, 1873 et 1874, non-compris bien entendu les morts-nés.

| | |
|---|---:|
| En 1872, mariages | 352,734 |
| Naissances | 966,000 |
| Décès | 793,064 |
| Excédant des naissances. | 172,936 |
| En 1873 : | |
| Mariages | 321,238 |
| Naissances | 946,364 |
| Décès | 844,588 |
| Excédant des naissances | 101,776 |
| En 1874 : | |
| Mariages | 303,113 |
| Naissances | 953,652 |
| Décès | 781,709 |
| Excédant des naissances | 171,943 |

Ainsi en trois ans l'excédant des naissances a été de 446, 655 et en moyenne par année 148,885.

Dans les deux années 1870 et 1871, l'excédant des décès sur les naissances avait été de 553,283, de sorte que ce grand déficit n'a pas encore été comblé, ce qui est extraordinaire ; l'expérience avait démontré jusqu'ici qu'après de grands fléaux amenant une grande mortalité, les naissances étaient très-nombreuses et que le vide se comblait rapidement ; les naissances sont au contraire moins nombreuses qu'avant la guerre de 1870.

En supposant que pour 1875, la proportion d'accroissement reste la même que la moyenne des trois dernières années, ce qui est douteux, car les mariages réduits à 303,113 en 1874, ne font pas prévoir un accroissement de naissances pour l'année suivante, il faudrait ajouter pour 1875 . . . . . . . . . . . . . 148,885 âmes.

| | |
|---|---|
| Aux excédants de la moitié de 1872 . . | 86,468 — |
| De 1873 . . . . . . . . . . | 101,776 — |
| De 1874 . . . . . . . . . . | 171,943 — |
| Total . . . | 509,072 âmes. |
| Qui, ajoutés aux . . . . . . . . | 36,102,921 — |
| du recensement de 1872 feraient . . . | 36,611,993 âmes. |
| Au 1ᵉʳ janvier 1876 ; mis en regard des . | 42,757,812 — |
| De l'Allemagne, la supériorité serait pour cette dernière de . . . . . . | 6,145,819 âmes. |

Portons maintenant nos regards dans l'avenir, si l'accroisement continue des deux côtés dans la même proportion, dans quinze ans l'empire d'Allemagne aura plus de quarante-neuf millions d'habitants, la France dix millions de moins.

La supériorité de l'Allemagne paraîtra plus effrayante encore si on n'oublie pas que la force militaire d'une nation et, on pourrait ajouter, sa force productive, n'a pas pour base le nombre des hommes d'un âge mur et des vieillards, mais le nombre des hommes jeunes et valides, capables de défendre la patrie.

Plus il y a de naissances dans un pays, plus, vingt ans après, il y a de conscrits.

Les 960 mille naissances de la France en 1872 donneront à peu près, en 1892, 308,000 conscrits, les seize cent mille naissances de l'empire Allemand donneront plus de 500,000 conscrits ; cinq contre trois.

M. Léonce de Lavergne, l'éminent publiciste, vient de publier dans l'*Economiste français* sur cette grande question de l'état presque stationnaire de la population française (9 août 1876) une lettre qui a éveillé l'attention publique et où je lis ces mots si graves et si vrais :

« Le public français paraît avoir pris son parti de la réduction de la population comme de l'augmentation du budget, deux faits qui ne sont peut-être pas aussi étrangers l'un à l'autre qu'ils en ont l'air.

« Cette insouciance doit avoir un terme. *Il y va de l'existence même de notre nation*, car il n'y a pas, comme le disait déjà Rousseau, au dix-huitième siècle, de pire disette pour un État que celle des hommes. Pendant que nous restons stationnaires, ou que nous reculons, l'Angleterre et l'Allemagne s'accroissent chacune de plus de 400,000 âmes par an, ce qui fait en tout 4 millions en dix ans. »

### Agriculture

En voyant cette augmentation constante et rapide de la population de l'empire allemand comment douter des progrès constants et rapides de son agriculture. Pour le nier il faudrait prouver que ce surcroit de population est nourri par les importations des denrées alimentaires étrangères, ce qui n'est pas vrai, et dans tous les cas ne pourrait l'être que pour une faible partie de la population.

Il résulte de deux tableaux comparatifs publiés par le *Journal officiel allemand* ou *Reichsanzeiger* que pendant les périodes 1836-1840 et 1866-1870 l'importation des céréales dans le Zollverein a été beaucoup moins considérable que l'exportation.

|                          | 1836-1840   | 1866-1870   |           |
|--------------------------|-------------|-------------|-----------|
| Exportations . . . . .   | 9,546,610   | 89,499,081  | scheffels |
| Importations . . . . .   | 1,545,381   | 30,869,425  | —         |
| Excédant des exportations | 8,001,229  | 58,629,656  | scheffels |

(Le scheffel équivaut à 55 litres).

En 1873, d'après le tableau qui se trouve relaté dans *l'Annuaire de l'économie politique* de 1876, page 310 et suivantes, la proportion des importations et des exportations aurait été renversée, le nombre des quintaux de 50 kilogrammes a été de 30,450,000 pour le seigle, le froment, l'orge et la farine et celui des exportations de 14,620,000 la différence serait de 15,830,000.

La quantité de grains étrangers qui ont excédé celle des grains allemands exportés n'est donc pas très considérable et ce fait peut être passager. La population allemande se nourrit en définitive à peu près complétement par les grains produits par l'agriculture allemande.

Quant aux animaux servant à l'alimentation, la position est à peu près la même.

En 1873, l'exportation des animaux des espèces bovines et ovines s'est élevée en nombre à 1,281,863 et en valeur à 28,120,000 thalers et l'importation à 764,746 têtes d'une valeur de 21,760,000 thalers ; l'excédant des exportations a donc été de 6 millions 360 mille thalers. Mais pour la race porcine, c'est différent.

|                           | TÊTES.    | VALEURS.    |         |
|---------------------------|-----------|-------------|---------|
| Importations . . . .      | 1,152,975 | 19,370,000  | thalers |
| Exportation . . . . .     | 161,626   | 3,230,000   |         |
| Excédant des importations | 991,349   | 16,040,000  | thalers |

(*Annuaire*, mêmes pages).

Mais en 1874, l'importation des porcs a diminué, le droit de douane sur ces animaux qui s'était élevé en 1873 à

1,844,000 marcks est descendu en 1874 à 1,271,000 marcks. (*Almanach de Gotha* de 1876, page 362.)

En résumé l'agriculture de l'empire produit, à peu de chose près, les grains et les animaux nécessaires à l'alimentation des populations de l'empire allemand.

En France la position est différente.

Une quantité considérable de grains étrangers est nécessaire à l'alimentation de la France. D'après le relevé officiel des importations et des exportations de froment depuis l'année 1828 jusque et y compris l'année 1874, l'excédant des importations en hectolitres a été de 87,907,499, ce qui à 25 francs l'hectolitre, prix certainement très-bas, car on importe beaucoup dans les mauvaises années lorsque les grains sont chers et on exporte dans les bonnes années lorsque les grains sont à bon marché, à 25 francs dis-je, la France aurait payé 2 milliards 200 millions pour parer à l'insuffisance de ses récoltes de froment.

Mais il faut examiner si cette insuffisance diminue ou augmente avec les années. J'ai divisé le tableau général en cinq périodes :

1re période dans les sept années de 1828 à 1834 inclusivement l'excédant des importations sur les exportations a été de . . . . . . . . . . . . 9,469,709 hect.
2e période de 1835 à 1844, dix ans . . 5,344,075 —
3e période de dix ans, 1845 à 1854. . . 12,402,855 —
4e période de dix ans, 1855 à 1864. . . 17,688,508 —
5e période de dix ans, 1865 à 1874. . . 43,002,352 —

Ainsi, l'excédant des importations, assez fort dans la première période (sept années), diminue dans la seconde période de (dix ans), mais augmente considérablement dans la troisième, la quatrième et la cinquième périodes ; dans cette dernière l'excédant est presqu'aussi considérable à lui seul que tous les excédants des quatre autres périodes et atteint en valeur, à 25 francs l'hectolitre, 1 milliard 75,000 francs. (Extrait d'une publication du ministère de l'agriculture, page 142, de l'*Annuaire de l'Economie politique* de 1876).

Quant aux animaux alimentaires, la France en exporte sans doute un certain nombre. mais elle achète de l'étranger des bestiaux pour une somme bien plus forte. Du reste, d'après le recensement des animaux, fait en 1872, il y a une diminution considérable en le comparant à celui de 1866 qui lui-même avait déjà constaté un déficit sur la race ovine (page 140 de l'*Annuaire de l'Economie politique.*)

### Animaux de l'espèce bovine.

| | |
|---|---|
| En 1866. . . . . . . . . . . | 12,733,188 têtes. |
| En 1872. . . . . . . . . . . | 11.284,414 — |
| Diminution . . . . . . . . . | 1,448,774 têtes. |

### Espèce ovine.

| | |
|---|---|
| En 1866. . . . . . . . . . . | 30,386,233 têtes. |
| En 1872. . . . . . . . . . . | 24,589,647 — |
| Diminution . . . . . . . . . | 5,796,586 têtes. |

### Espèce porcine.

| | |
|---|---|
| En 1866. . . . . . . . . . . | 5.889,624 têtes. |
| En 1872. . . . . . . . . . . | 5,377,231 — |
| Diminution . . . . . . . . . | 512,393 têtes. |

On voudrait espérer que ce déficit s'est comblé depuis 1872 mais l'excédant toujours croissant des importations prouve qu'il n'en est rien.

En 1874 on a importé des bestiaux pour une valeur de 100 millions 300 mille francs.

Dans les huit premiers mois de la présente année 1876 la valeur des bestiaux importés en France s'est élevée à  . . . . . . . . . . . . . . . . 75,573,000 fr.

En 1875 elle n'avait été pour les huit
    premiers mois que de . . . . . 62,805,000  »

Augmentation. . . . . . . . . . . 12,768,000 fr.

La valeur des viandes importées dans les huit premiers mois a été

En 1876 de. . . . . . . . . . . . 14,819,000 fr.

En 1875. . . . . . . . . . . . . 12,212,000  »

Augmentation. . . . . . . . . . . 2,607,000 fr.

Il est vrai que dans le même temps l'exportation des bestiaux de France à l'étranger a été :

En 1876 de. . . . . . . . . . 27,580,000 fr.

Et l'exportation des viandes. . . 6,164,000  »

33,744,000 fr.

Qui atténuent d'autant les 90,392,000 fr. d'importation.

Mais l'exportation en 1875 avait été un peu plus forte qu'en 1876 et tend à diminuer.

Heureusement que l'exportation du beurre, du fromage et des œufs dépasse beaucoup l'importation et compense et au-delà la perte que la France éprouve en étant obligée d'acheter tant de bestiaux à l'étranger.

Néanmoins lorsqu'on voit d'après les documents officiels et certains que la France, malgré sa population stationnaire, a besoin d'acheter de l'étranger tant de grains et tant de bestiaux pour la nourrir, ne peut-on pas se demander si tous ces immenses progrès de l'agriculture française, dont on parle tant dans les discours officiels et dans les journaux, ne sont pas singulièrement exagérés. J'engage les hommes sérieux qui veulent approfondir cette grave

question à relire une notice *sur l'Agriculture en France*
que j'ai publié dans le *Correspondant* en mai et juin 1857
et reproduite avec de nouveaux développements dans *mes
Oisivetés* (librairie Guillaumin, rue Richelieu, 14, Paris).
Qu'ils n'oublient pas d'ailleurs que de plus en plus nos
campagnes se dépeuplent; sur plus d'un point l'agriculture
et la propriété rurale sont menacées d'une crise désas-
treuse par la pénurie des ouvriers agricoles.

Quoi qu'il en soit, n'est-il pas évident que l'Allemagne,
dont la population croissante dépasse la nôtre de 6 millions,
quoique l'étendue de son territoire soit à peu près égale
au nôtre (l'Allemagne avec l'Alsace-Lorraine a 544,450
kil. carrés, et sans l'Alsace-Lorraine 529,939, la France
528,577 kil. carrés) a augmenté sa production agricole
beaucoup plus que nous.

Si par un miracle la France avait aujourd'hui une
population égale à celle de l'Allemagne, avec quoi
nourrirait-on ces 6 millions d'hommes nouveaux; une
partie devrait mourir de faim.

### Finances. — Dette publique.

M. Levisse, dans le travail dont jai parlé plus haut.
s'exprime ainsi :

« Les Prussiens gémissent sous le poids des impôts
comme s'ils en étaient écrasés.— La Prusse, ce royaume de
25 millions d'habitants, dont la superficie égale les deux
tiers de celle de la France, n'a qu'une dette nominale dont
l'intérêt annuel est plus que couvert par les revenus
des chemins de fer, des mines et autres propriétés de
l'État. Son budget, y compris la contribution aux dépenses
de l'empire, n'atteint pas un milliard, qu'est-ce près du
nôtre ? Moins d'impôts qu'en France et notre sol n'est pas
deux fois plus riche, notre industrie n'est pas deux fois

plus active que celle de la Prusse dont quelques provinces n'ont rien à envier aussi aux nôtres... »

Ces paroles, parfaitement vraies, ont besoin d'être complétées pour être étendues à l'Allemagne entière.

Dans le budget allemand de 1875 les intérêts de la dette de l'empire sont portés en dépenses à 2,040,000 marcks et les intérêts des capitaux de l'empire sont inscrits en recettes à 9,380,000 marcks (*Almanach de Gotha* de 1876, pages 348 et 349). Aussi, voici ce que dit cet almanach à la page 350 : « Les emprunts contractés pour la guerre étant amortis, l'empire n'a plus de dette consolidée. Une dette flottante a été créée par suite de l'émission des bons du trésor à courte échéance dans le but d'augmenter le fonds d'exploitation de la caisse de l'empire, s'élevant à une somme de 24,000,000 de marcks au plus et d'accélérer le monnayage, s'élevant à une somme de 30,000,000 de marcks au plus.

Mais l'Allemagne a d'autres dettes. *L'Almanach de Gotha* de 1874, page 337, donne un aperçu des dettes de tous les différents états allemands, le total se monte à 3,451,000,000 de marcks soit 4,313,750,000 francs en capital et en intérêts à 180 millions de marcks (page 333), soit 225 millions. (Le marck vaut 1 fr. 25).

En France, la dette consolidée s'élève, en 1876, à 747,998,866 francs de rentes perpétuelles et en capital à plus de 18 milliards, sans compter 124,776,346 fr. de dette viagère et les intérêts d'un milliard environ de dette flottante en y comprenant la dette à la banque de France, et sans compter les dettes des départements.

La dette publique est donc à peu près quatre fois plus considérable en France qu'en Allemagne. La France, chaque année, est obligée de payer pour l'intérêt de ses dettes à peu près six cent millions de plus que l'Allemagne. Charge et différence énormes.

Ces huit cent millions que paye chaque année la France

à ses prèteurs, constituent la fortune d'une multitude de
rentiers et une partie considérable des valeurs mobilières
en France, mais n'oublions pas que la France n'est pas
enrichie par ces valeurs comme elle l'est par celles qui
parviennent de l'exploitation fructueuse du sol ou des
établissements industriels, l'Etat ne peut payer ces rentes
qu'en prenant par l'impôt aux contribuables, sur les véri-
tables revenus de la France, ces huit cent millions
annuellement. La fortune de la France n'est pas augmen·
tée de ces valeurs, mais diminuée, et cette charge énorme
pèse lourdement sur elle et lui ôtera pendant longtemps
sa pleine liberté d'action.

A combien se monte en Allemagne le budget général ?

L'*Almanach de Gotha* de 1876, p. 424, donne le budget
de la Prusse pour 1875. Les dépenses totales s'élèvent à
694,498,919 marcks, soit. .  .   .    .   .   . 868,122,648 fr.

Il donne aussi les budgets des autres États de l'Allemagne, mais ici se présente une difficulté pour pouvoir
comparer leurs dépenses avec celle du budget français.

Dans les États moyens et surtout dans les petits États
on fait figurer à leurs budgets des dépenses qui en France
seraient départementales, dans les trois villes libres de
Lubeck, de Brême et de Hambourg les dépenses même
communales ne font qu'un avec les dépenses de l'État.

Sous le bénéfice de ces observations, voici le chiffre
des dépenses en 1875 des budgets de tous les États moins
les trois villes libres; il se monte à 459 millions de
francs.

En outre, le budget de l'Alsace-Lorraine, administrée
directement par l'empire, porte ses dépenses à 48 millions
750 mille francs.

En ajoutant ces deux sommes aux 868 millions de la
Prusse on arrive au chiffre de 1376 millions de francs.

Mais pour connaitre les dépenses totales de l'Allemagne
il faut compter celles du budget de l'empire.

En 1875 ses recettes s'élèvent à 515,018,563 marcks, soit 643,773,320 francs et ses dépenses aux mêmes chiffres.

Les recettes proviennent pour la plus grande partie des droits de douanes, de certains impôts de consommation des produits des postes, des télégraphes, d'une partie de l'indemnité française, des recettes de certains chemins de fer et enfin des quotes parts matriculaires fournies par tous les différents États à la caisse de l'empire ; ces quotes parts se montent à 68,969,549 marcks soit 86 millions de francs qui déjà comptés en dépenses dans les budgets de tous les États et de l'Alsace-Lorraine, réduisent le chiffre du budget de l'empire à 557 millions, qui ajoutés aux 1376 millions forment un total de 1933 millions pour les dépenses de l'Allemagne entière.

Que ce chiffre est loin des dépenses de notre budget, qui en 1876, s'élèvent, sans compter le budget de liquidation, le budget des départements et celui des communes, à 2,570,000,000 fr.

Dans le budget de 1877 qui vient d'être voté elles s'élèvent à 2 milliards 736 millions, 166 millions de plus.

Mais la différence est encore plus forte lorsqu'on voit en examinant les recettes de l'Allemagne qu'une partie considérable ne provient pas de l'impôt, mais des revenus des biens de l'Etat, beaucoup plus considérables qu'en France (domaines et forêts, intérêts de capitaux, mines, salines, manufactures, établissements de l'Etat, chemins de fer et autres voies de communication). Dans le tableau donné par l'Almanach de Gotha (page 334, 1874), ces recettes sont portées pour 329,000,000 de marcks, soit 411,000,000 de francs, de sorte que c'est à peine si les contribuables allemands donnent à l'Etat par l'impôt un milliard et demi.

L'Allemagne, qui a six millions d'âmes de plus que nous, pourvoit donc à ses dépenses publiques en deman-

dant chaque année à ses contribuables un milliard environ
de moins que nous n'en demandons aux nôtres.

Les faits que je viens de constater répondent déjà à l'impossibilité prétendue pour l'Allemagne de soutenir longtemps le fardeau écrasant de son Etat militaire ; voici le
complément :

Dans le budget de l'Empire de 1875, les dépenses ordinaires de l'armée allemande dont l'effectif ne s'élève qu'à
418,872 hommes, officiers compris, sont portés pour
311,394,605 marcks, soit 389,243,000 francs, et les dépenses
extraordinaires (fortifications et autres) à 43,901,603 marcks
soit 54,877,000 francs.

Les dépenses ordinaires du ministère de la guerre en
France s'élèvent dans le budget de 1876 à 500 millions e$^t$
dans celui de 1877 à 530, en y comprenant, il est vrai, la
gendarmerie, mais sans compter les dépenses extraordinaires (fortifications et autres) payées par le budget de
liquidation.

Comment l'Allemagne dépense-t-elle aussi peu en temps
de paix pour son armée si formidable en temps de guerre ?
Ce serait trop long d'expliquer ici les causes de ce qui parait
d'abord un phénomène, et son admirable organisation militaire, mais il est évident que notre état militaire écrase
bien plus les forces financières de la France que l'état militaire de nos voisins n'écrase celles de l'Allemagne.

En réalité il n'est peut-être pas un seul gouvernement
en Europe dont les finances soient moins obérées que celles
de l'Allemagne.


### Richesse


La guerre de 1870 a coûté à la France dix milliards,
cinq milliards de rançon, et à peu près autant dépensés
pour soutenir la lutte, ou pour en réparer les désastres.

Si la France n'a pas succombé sous cet effroyable fardeau, c'est parce qu'elle avait accumulé par son travail, son industrie, son économie, de très-grandes richesses qui ne sont pas encore épuisées et se réforment rapidement.

Il semble que l'Allemagne aurait dû être très-enrichie par nos milliards et cependant son crédit n'égale pas celui de France et elle paraît avoir beaucoup moins de capitaux que nous ; bien des Français prétendent même que l'Allemagne est pauvre, plus pauvre qu'avant la guerre.

S'ils disaient vrai, si les populations allemandes étaient si misérables, l'empire allemand dont la force militaire est immense serait terriblement dangereux pour ses voisins plus riches ; il pourrait renouveler, dans notre siècle de civilisation extrême, l'invasion des riches provinces de l'empire romain par les barbares pauvres, avides et braves.

Mais la prétendue misère de l'Allemagne, appauvrie par nos milliards au lieu d'en être enrichie, est une erreur de notre patriotisme ; tous ces faits que nous avons fait connaître plus haut le démontrent.

Sans doute l'Allemagne serait plus riche si elle n'avait jamais fait que des emplois productifs de ses ressources et de nos milliards.

Une grande partie de nos milliards a servi à payer les dépenses considérables que l'Allemagne a faites pour préparer et soutenir la guerre, à augmenter encore son état militaire, son armement, ses chemins de fer stratégiques, ses places fortes, sa marine militaire.

Ensuite l'émigration annuelle de plus de cent mille Allemands emporte avec elle bien des millions qui ne reviennent plus en Allemagne. Ce n'est pas que je regarde cependant cette émigration comme un mal pour l'Allemagne, c'est une des causes de l'extension de son influence et de son commerce à l'extérieur. L'émigration est une suite et une cause de la fécondité de la race ; chaque père de famille ne craint pas d'avoir plusieurs enfants ; ils trouveront au besoin dans l'émigration des moyens d'existence et des occasions de fortune. L'émigration est une des causes de la grandeur de la race allemande malgré les millions qu'elle enlève, je le reconnais, à l'Allemagne.

Mais il ne faut pas exagérer la pénurie des capitaux dans l'empire allemand. La population s'est accrue en quatre ans de dix-sept cent mille âmes, ce n'est certes pas une preuve de gêne, de misère. L'Allemagne a dû nécessairement consacrer des capitaux énormes pour pourvoir aux besoins de cette population rapidement croissante : les travaux de la paix ont eu aussi leur budget comme ceux de la guerre.

S'il y a eu une espèce de crise financière en Allemagne, il faudrait en trouver les principales causes, d'abord dans des spéculations effrénées après ses victoires, et ensuite dans la loi du 4 décembre 1871, qui en démonétisant l'argent, a causé une grande perturbation économique dans tout l'Empire et même au-delà.

Les capitaux disponibles sont en France beaucoup plus considérables qu'en Allemagne, c'est certain. Les souscriptions qui ont afflué en si grande quantité pour les emprunts de l'Etat depuis la guerre et pour ceux de la ville de Paris, le prouvent bien. Non pas que l'on doive prendre à la lettre les quarante-quatre milliards de l'emprunt national dont M. Thiers était si fier, et les souscriptions s'élevant à quatre-vingts fois les 120 millions demandés par la ville de Paris. La spéculation voulant à tout prix de ces excellentes valeurs qui devaient faire prime souscrivait beaucoup pour avoir quelque chose ; elle aurait été fort embarrasée si on lui avait demandé de verser intégralement le montant de ses souscriptions. Mais il n'en est pas moins vrai que les sommes déposées en garantie pour pouvoir souscrire en France prouvent parfaitement la grande quantité des capitaux français.

Il y a en France beaucoup d'argent et beaucoup d'or,

c'est évident, et les deux milliards cent millions et plus qui dans ce moment s'accumulent dans les caves de la Banque de France et restent improductifs, en sont une nouvelle preuve.

Comment donc, après avoir payé tant de milliards à l'Allemagne victorieuse, notre richesse monétaire est-elle encore si grande?

Une des principales causes de l'accumulation des métaux précieux en France, c'est le nombre très-considérable des étrangers riches qui viennent depuis longtemps, et de plus en plus, de toutes les parties du monde, visiter la France et y séjournent plus ou moins; en évaluant leur nombre à 40,000 en moyenne par jour et leur dépense quotidienne à 35 francs, le bénéfice pour la France serait de plus de 500 millions d'argent par an.

Ces étrangers sont en outre une des grandes causes de nos exportations qui dépassent presque toujours nos importations et amènent encore chaque année des capitaux nouveaux. Le goût du monde civilisé pour les produits de l'industrie française et surtout des objets de luxe se développe sans cesse, grâce à ces riches étrangers qui visitent Paris et la France.

Voilà pourquoi une grande partie de ces milliards d'or et d'argent qui, depuis vingt-cinq ans, ont été extraits du sol en Russie, en Amérique et en Australie est venue en France.

II

Mais, si cette abondance croissante des capitaux a ses avantages, elle a aussi ses inconvénients. On peut voir dans leur répartition et leur emploi un symptôme alarmant des changements qui s'opèrent dans les idées et les mœurs d'une grande partie de notre population.

Les revenus mobiliers sont maintenant en France plus

considérables que les revenus de tous les immeubles de la France entière ; ces valeurs mobilières se sont encore, plus que le sol, divisées à l'infini ; la France devient une nation de rentiers. Ces millions de rentiers, si empressés à souscrire aux emprunts d'Etat, aux actions, aux obligations des grandes compagnies financières ou industrielles, sont pour la plupart des hommes qui ne savent pas et ne veulent pas utiliser par eux-mêmes leur argent dans l'agriculture, l'industrie ou le commerce, qui veulent avoir de bons revenus, exactement payés, sans se donner la moindre peine ou qui agiotent à la Bourse, dans l'espérance de bons coups de dés ; la plupart, économes et calculateurs d'intérêts, mettent, chaque année, de côté une partie des intérêts qu'ils ont touchés, pour les placer et former un nouveau capital ; ils aiment l'argent autant que l'avare, non pour l'enfouir, mais pour lui faire produire, pour l'accroître sans cesse. Une foule de Français prennent les idées des Juifs du moyen âge sur la manière de faire valoir l'argent.

Le petit nombre des naissances et surtout dans les provinces riches, comme la Normandie, démontrait déjà que beaucoup de Français ne voulaient pas se donner les soucis, les ennuis d'une nombreuse famille, ne pensaient qu'à mener une vie tranquille, dans un bien-être égoïste. La multitude des rentiers est un nouveau symptôme de ces sentiments et de ces mœurs.

Je suppose que les Français eussent, au contraire, imité les Allemands ; que la France, au lieu de rester stationnaire, se fût accrue de six millions d'âmes, combien l'activité, l'énergie individuelle, les sentiments de famille auraient été différents ! Il y aurait certainement beaucoup moins de capitaux à la recherche de placements ; mais que de personnes auraient dépensé par elles-mêmes en travaux utiles, productifs, des sommes dont le total se serait élevé bien haut.

En effet, pour loger ces six millions d'hommes, il aurait fallu dépenser au moins 1,000 francs, et c'est peu, par personne, soit, en totalité, 6 milliards.

Pour nourrir ces six millions d'hommes, il aurait fallu faire produire à la terre des récoltes plus abondantes et de quoi alimenter des bestiaux plus nombreux ; mais, pour arriver à ce résultat et abriter ces récoltes et ces bestiaux, il aurait fallu consacrer à la culture perfectionnée un capital plus élevé. 300 francs par hectare en plus ne seraient pas certainement une somme trop forte ; pour 30 millions environ d'hectares cultivés en France, ce serait une dépense de 9 milliards.

Pour vêtir ces six millions d'hommes, il aurait été nécessaire de faire produire aux manufactures un neuvième en plus et consacrer à des usines créées ou agrandies, un capital d'un milliard peut-être.

La population de nos côtes de l'Océan et de la Méditerranée, au lieu de diminuer, s'étant accrue dans des proportions considérables, et notre population générale très-augmentée ayant envoyé beaucoup des siens dans nos colonies et dans le monde, notre activité maritime et commerciale aurait remplacé l'atonie, et plus de 2 milliards peut-être auraient été employés à la construction des navires et au commerce du long cours.

Ces 18 milliards, ainsi dépensés, auraient diminué sans doute les capitaux à la recherche des emprunts d'Etat, des grandes compagnies, ou des villes endettées. On ne verrait pas des emprunts souscrits quarante ou cinquante fois ; on ne verrait pas des capitaux français se disperser dans toute l'Europe à la recherche de très-gros intérêts, au risque d'être perdus ; aux yeux des gens peu clairvoyants, la France paraîtrait moins riche ; elle le serait cependant beaucoup plus.

Sa richesse actuelle ressemble un peu à celle de certains fils ou filles uniques qui ont enterré tous leurs parents et en ont hérité ; la richesse de la France telle que je la voudrais, rappellerait celle d'une famille nombreuse, dont toutes les branches seraient aussi saines, aussi laborieuses que fécondes.

La France aurait plus d'hommes, et surtout plus d'hommes actifs, énergiques, honnêtes ; la France serait plus calme, plus riche, plus puissante.

## III

Cette abondance extrême de capitaux, qui pourrait être un grand bien si l'initiative privée les employait utilement, nous expose peut-être à un grand danger.

Notre puissant voisin voit comme nous cette abondance ; il envie et redoute peut-être cette richesse, qui nous donnerait la possibilité de payer et d'entretenir de grandes armées en campagne pour tenter la revanche.

L'Allemagne s'est mise dans une position terrible pour nous et pour elle-même. Si elle ne nous avait pris que de l'argent l'animosité entre les deux nations aurait pu s'amortir avec le temps, mais elle nous a pris deux provinces ; une paix sincère et durable est-elle possible entre la France et l'empire allemand tant que nous n'aurons pas effacé ce témoignage douloureux et vivant de nos défaites, tant que nous n'aurons pas recouvré nos provinces et nos frères.

Nos vainqueurs voient bien que nous pourrions être encore, à un moment donné, redoutables et dangereux ; ils croyaient d'abord nous avoir épuisés et réduits pour longtemps à l'impuissance ; ils sentent bien qu'ils se sont trompés, et pendant qu'ils sont encore les plus forts ne voudront-ils pas nous arracher de nouveaux et plus nombreux milliards et nous mettre cette fois dans un état tel qu'ils n'auraient jamais rien à craindre de nous.

Nous sommes encore exposés à ce danger pour une autre cause.

Les Allemands sont une grande et forte race, brave, intelligente, laborieuse, qui s'accroît rapidement. Il y a aujourd'hui cinquante et un millions d'Allemands en Europe et quatre millions aux Etats-Unis.

Tandis que les Allemands émigrés augmentent les forces de la démocratie Américaine, des princes Allemands, depuis deux siècles, sortent de l'Allemagne pour occuper successivement la plupart des trônes de l'Europe.

Indépendamment de l'empire Allemand et de l'Autriche, les souverains héréditaires de l'Angleterre, de la Russie, du Danemarck, des Pays-Bas, de la Belgique, du Portugal, de la Grèce et de la Roumanie sous la suzeraineté bientôt nominale du Sultan, sont des Allemands qui s'allient à peu près exclusivement à des princes et à des princesses de l'Allemagne, de sorte que des souverains Allemands sont actuellement à la tête de plus de deux cent millions d'hommes en Europe.

La race allemande, enivrée de ses triomphes, se regarde comme la première de l'Europe. Le sentiment national allemand, l'orgueil allemand exaltés au plus haut point par les victoires de la Prusse et de ses alliés allemands sur la France, la première des nations latines, s'emparent et s'empareront de plus en plus de toutes les têtes allemandes.

Douze millions d'Allemands en Europe sont actuellement en dehors de l'empire allemand qui a de vastes projets d'annexions, d'agrandissements nouveaux ; ces projets ne sont pas dévoilés, on les cache même avec soin, mais ils n'en existent pas moins, ils sont dans la force des choses, ils sont le résultat naturel des sentiments et des passions du cœur humain.

Pour l'exécution de ces projets il ne faut pas que la France puisse s'y opposer, qu'elle puisse devenir jamais dangereuse en s'alliant plus tard à un ennemi puissant de l'empire allemand, mais il faut qu'elle soit réduite à l'impuissance absolue.

Voilà le raisonnement égoïste, implacable, que l'on peut prêter aux triomphateurs sans les calomnier, voilà le danger pour la France.


## IV


Dans une nouvelle lutte, si nous étions réduits à nos propres forces, pourrions-nous refouler l'invasion allemande, reprendre nos provinces perdues et notre grandeur? Je le désirerais ardemment, mais j'hésite à l'espérer si la lutte recommençait demain.

Des personnes espèrent, je le sais, que l'antagonisme des Allemands de l'ouest contre les Prussiens, des Allemands du sud contre les Allemands du nord, renaîtra et que l'empire se divisera; n'est-ce pas une illusion?

L'unité de l'Allemagne est faite, matériellement par cette multitude de chemins de fer qui en couvrent tout le sol et favorisent au plus haut point les relations entre toutes ses parties et tous les Allemands; militairement par l'organisation uniforme et le commandement unique et suprême des armées; moralement par les triomphes obtenus par tous les Allemands et qui ont développé à un degré inconnu jusque-là le sentiment national allemand, et politiquement par le Zollverein, le parlement allemand et la reconnaissance par tous du roi de Prusse comme chef des armées et empereur héréditaire de l'Allemagne.

Bien des Français s'imaginent que la persécution contre le clergé catholique, l'hostilité du gouvernement de l'empire contre les quinze millions de catholiques de l'Allemagne, affaibliront l'empire et son armée : sans doute cette politique de persécution, même au point de vue de la consolidation, de la force et de l'extension de l'empire allemand est une grande faute; mais espérer qu'elle suscitera une révolte dans l'armée allemande, empêchera même un grand nombre de soldats allemands de marcher et de se battre contre les Français, n'est-ce pas une nouvelle illusion?

D'ailleurs cette politique de persécution religieuse est celle d'un homme, au caractère impérieux et violent, hostile à toute force qui existe en dehors du pouvoir dont il est le ministre; elle peut être abandonnée tout à coup par l'empereur d'Allemagne, et elle le sera s'il reconnaît qu'elle affaiblit son pouvoir et son empire; il reviendra à la politique qu'il avait suivie pendant longtemps vis-à-vis du Saint-Siége et des catholiques.

Mais n'avons-nous pas aussi en France des divisions religieuses et des causes de faiblesse plus profondes.

Pour la religion, quel antagonisme et quelles haines?

Le Souverain Pontife a perdu son pouvoir temporel dix fois séculaire, mais dans l'ordre spirituel il est plus puissant qu'il n'a jamais été; le dogme de son infaillibilité a été reconnu par le dernier concile et le Pape a lancé l'anathème contre des principes que beaucoup de Français regardaient comme une conquête de la Révolution, de la civilisation même. Plus que jamais le Saint-Père a en France des fidèles dévoués et ardents. Nous avons maintenant plus de religieux et de religieuses qu'il n'y en avait avant 1789 au moment de la grande révolution, tous animés d'une foi bien plus vive et d'un dévouement plus absolu.

Mais, d'un autre côté, une grande partie du peuple, catholique dans les statistiques officielles, est indifférente, sceptique, occupée presque uniquement de ses intérêts matériels, de son bien être, de ses plaisirs, et un parti trop nombreux, animé d'une sorte de rage contre l'église catholique, veut extirper ce qu'un grand agitateur appelait la lèpre dévorante du clergé; beaucoup se déclarent hautement athées et matérialistes; veulent chasser des écoles

et de la France toute religion et faire des Français un
peuple à leur image. La terrible insurrection de la Com-
mune était inspirée par ces sentiments de haine et d'im-
piété furieuses, et si elle recommençait et triomphait au
moins pour un temps, elle persécuterait les catholiques,
tenterait d'abolir le catholicisme en France, bouleverserait
la France et l'exposerait aux dernières convulsions et aux
dernières catastrophes.

En politique les divisions sont aussi profondes qu'en religion.

La monarchie a de nombreux partisans, mais les monar-
chistes sont divisés en trois fractions dont les plus ardents
se détestent. Leur division a rendu la République possible,
on peut même dire qu'elle l'a faite. Mais la République
elle-même a des partisans de nuances bien différentes,
d'idées absolument contraires ; la défiance, les haines sont
aussi le partage des républicains.

Jamais la France n'a eu plus besoin d'union entre tous
ses enfants; jamais, moins, hélas! — tour de babel — tout
à l'extrême....

Quelles craintes font naître dans les esprits sages et pré-
voyants nos divisions profondes, nos luttes intestines, l'instabilité et la faiblesse du pouvoir, résultats obligés d'institutions basées uniquement sur des élections faites par la
multitude, surtout si nous avions une guerre de vie ou de
mort.

Sans doute notre armée se transforme, travaille, s'ins-
truit, sans doute nous avons maintenant un armement
aussi perfectionné, aussi formidable que celui de nos voisins, nous aurons bientôt des fortifications immenses, nous
pourrons lutter, mais des lacunes, des défauts que j'ai si-
gnalés dans mes discours à l'Assemblée nationale existent
dans notre organisation militaire; l'instruction et la cohé-
sion de toutes les classes qui composent notre armée de-
manderaient encore plusieurs années. Ensuite, pour triom-

pher il faut non-seulement la discipline la plus sévère dans les armées, mais l'unité et la vigueur éclairée dans le commandement suprême et le gouvernement; pourrons-nous obtenir précisément ce qui fait défaut dans la nation; pour refaire une armée invincible il faudrait refaire moralement la nation; depuis six ans on parle sans cesse de la régénération de la France, est-elle faite, est-elle même commencée? Les mœurs sont-elles changées, l'abnégation, le dévouement ont-ils remplacé l'égoïsme, un luxe insensé, l'amour du bien-être, des jouissances? Le patriotisme est-il plus ardent, plus prêt à tous les sacrifices?

D'un autre côté, pourrons-nous triompher si nous sommes réduits à nos seules forces? Quels alliés pourrons-nous espérer?

Est-ce l'Autriche que nous combattions hier, dont nous avons préparé les désastres et l'abaissement, est-ce la Russie dont nous avons humilié l'orgueil à l'Alma et à Sébastopol, qui seront empressées de venir à notre aide?

Pourrons-nous compter sur l'Italie? Nous avons obéré nos finances, versé le sang de nos soldats pour assurer son indépendance; sera-t-elle disposée à faire de pareils sacrifices pour nous défendre? Il faut peu compter sur la reconnaissance des hommes, bien moins encore sur celle des nations. L'Italie, grande puissance grâce à nous, serait humiliée de passer pour notre cliente; elle n'a plus rien à attendre, à recevoir de nous; dans les complications qui peuvent surgir, elle espère encore trouver l'occasion de nouveaux agrandissements et regrette ce qu'elle nous a donné. Nous serons heureux si elle se borne à la neutralité de 1870, lors de nos désastres.

Quels alliés d'ailleurs pouvons-nous espérer par suite même de nos divisions, de nos principes nouveaux et de notre instabilité constitutionnelle? Tous les grands gouvernements de l'Europe sont monarchiques, s'exposeront-ils à compromettre leur avenir, leur existence même pour soutenir notre cause et celle de notre République? Ne craindront-ils pas au contraire ses succès et la contagion de son exemple?

Dans une nouvelle lutte avec l'Allemagne ferions-nous une guerre de propagande révolutionnaire pour renverser l'empire allemand et le remplacer par la République? Ce serait une politique vaine probablement et bien dangereuse; elle nous exposerait à l'hostilité de tous les grands gouvernements de l'Europe ; en poursuivant la chimère des États-Unis de l'Europe, la France risquerait son existence même.

Je sais que bien des personnes me diront : Vos craintes de guerre sont vaines ; la nouvelle République française est sage; elle ne veut point se lancer dans des aventures ; les intérêts matériels, si puissants de nos jours et dans tous les États, ne veulent pas être compromis, atteints par la guerre; les sentiments humanitaires se propagent partout ; l'opinion publique se prononce avec force pour la paix, la tranquillité, les progrès du bien-être de tous, la cause de l'humanité triomphera.

Que je voudrais croire à ces belles assurances, mais dans ce moment le service militaire obligatoire est proclamé dans toute l'Europe continentale ; tous les hommes valides sont soldats, toutes les têtes ardentes sont en travail pour inventer les engins de guerre les plus terribles ; les finances de tous les Etats sont compromises par l'entretien d'armées innombrables, il est difficile de croire que nous marchons à une ère de concorde et de paix.

Mais au moins on me dira que les Allemands ne pourraient nous déclarer la guerre sans raison, sans un seul grief à nous reprocher et que la sagesse du gouvernement français ne leur donnera aucun prétexte pour recommencer une guerre impie. Je connais sur ce point la sagesse et la prudence du gouvernement français et je l'approuve ; mais, hélas ! l'expérience du passé démontre qu'on peut toujours trouver des prétextes de guerre quand on la veut ; malgré le progrès de l'humanité, la fable du *Loup et de l'Agneau* est toujours vraie. Ce que notre puissant voisin désire peut-être et ne laissera pas échapper, c'est l'occasion de nous écraser impunément, sans courir le danger d'être attaqué au milieu de la guerre par une autre grande puissance.

Cette occasion peut se présenter demain ainsi que je vais l'expliquer plus bas ; mais si cette occasion lui manque ne saura-t-il pas en faire naître une autre ?

Les craintes si vives que nous avions éprouvées au printemps de 1875 ne peuvent-elles pas se renouveler et être suivies de réalités terribles ?

---

## SECONDE PARTIE

### I

L'empire turc est un malade dont la succession sera infailliblement l'occasion d'ardentes convoitises et de grands changements ; elle va peut-être s'ouvrir demain et ensanglanter l'Europe, mais lors même que l'insurrection de la Bosnie et la guerre actuelle de la Serbie et du Monténégro contre les Turcs cesseraient par l'intervention des grandes puissances, ce ne serait qu'un atermoiement ; rien en effet ne serait changé aux causes profondes de la crise actuelle, elle se renouvellera à la première occasion, au premier jour peut-être.

Nous devons donc nous rendre un compte exact de l'état de l'empire ottoman pour prévoir l'avenir avec quelque certitude.

Dans l'Asie-Mineure la Turquie a une population de treize millions d'âmes à peu près ; les musulmans sont au nombre de dix millions, on estime la population chrétienne à trois millions. Dans cette partie de l'empire le maintien de la puissance turque est non-seulement possible, mais certain au moins pour longtemps.

Cependant, selon toute probabilité, la Turquie d'Asie sera diminuée à l'est et à l'ouest.

L'Arménie, peuplée en grande partie de chrétiens, voisine de la Russie victorieuse, deviendra russe ; et les îles de l'Asie Mineure dans la Méditerranée, ainsi qu'une partie du littoral, peuplées de chrétiens, augmenteront le royaume de Grèce.

Mais dans la Turquie d'Europe les musulmans ne sont pas les plus nombreux ; il sont au contraire en grande minorité.

D'abord la Roumanie qui est peuplée de quatre millions et demi de chrétiens, la Serbie qui en compte treize cent mille, sont bien vassales du sultan, mais en réalité à peu près indépendantes. Le Monténégro, dernier débri de la principauté de l'héroïque Scanderberg, n'a que deux cent mille chrétiens, mais redoutables dans leurs montagnes et ennemis acharnés des Turcs.

Dans le reste de la Turquie d'Europe, la population, d'après des statistiques turques fort défectueuses, serait à peu près de huit millions et demi ; cinq millions seraient chrétiens, trois millions et demi musulmans. M. Elisée Reclus, dans la *Nouvelle Géographie Universelle*, porte la population à un chiffre bien plus élevé, à 11,480,000. Les musulmans seraient au nombre de 3,480,000 et les chrétiens plus du double, 7,905,000 ; sur ce dernier nombre 7,450,000 seraient schismatiques, Grecs ou Arméniens ; et 440,000 catholiques.

La population musulmane diminue par la polygamie, la

débauche, la paresse superbe des descendants des anciens conquérants, accoutumés à vivre du travail des vaincus ; la population chrétienne composée de Grecs, d'Améniens et de Slaves (ces derniers sont les plus nombreux) s'accroit, malgré son état d'infériorité et de dépendance, parce que, éclairée par les lumières et la morale de l'Évangile, elle est, malgré ses défauts, plus active, plus laborieuse, de mœurs plus pures.

Elle n'est pas soumise d'ailleurs au recrutement militaire qui tombe tout entier sur les musulmans et les décime, et il en sera toujours ainsi, tant que l'empire turc subsistera, car si les chrétiens étaient soldats on ne pourrait pas les opprimer impunément, les Turcs craignent de voir les armes qu'ils mettraient aux mains des chrétiens se tourner contre eux-mêmes.

Dans le reste de l'Europe il y a eu à peu près partout des conquérants et des vaincus, de grandes invasions, mais avec le temps, avec la religion chrétienne adoptée par tous, la fusion s'est faite et des nations homogènes se sont formées. En Turquie, rien de pareil ; voilà près de cinq siècles que les Turcs ont fait la conquête des provinces de Bysance, il ne s'est pas opéré le moindre mélange, la moindre fusion entre les vainqueurs et les vaincus ; l'antagonisme entre eux est aussi prononcé qu'aux premiers jours de la conquête, rien de commun entre les musulmans et les chrétiens qu'un mépris et qu'une haine réciproques.

Il est vrai que dans ce moment des Turcs libéraux parlent de constitution, du suffrage universel, d'institutions représentatives, d'assemblées électives où les chrétiens délibéreraient avec les musulmans sur le pied d'une parfaite égalité ; la Turquie parlementaire ! c'est une rêverie, si ce n'est autre chose, que personne ne peut prendre au sérieux.

La Turquie est sans doute un admirable pays, favorisé

de tous les dons de la nature et dont la position est la plus belle du monde; en d'autres mains il serait très-productif, très-riche, mais le système du gouvernement turc, l'administration, les mœurs, les préjugés des musulmans épuisent ce grand pays. Le despotisme au sommet, l'arbitraire, le gaspillage, la vénalité, la violence et la paresse partout. L'ordre dans les finances publiques n'existe pas; il n'est pas même compris par les Turcs.

La Turquie veut maintenant imiter les gouvernements de l'Europe, jouer le rôle d'une grande puissance européenne. Il en coûte fort cher pour gouverner et administrer à la façon moderne, et ces dépenses ne peuvent être supportées que par les nations dont la richesse et les revenus augmentent sans cesse. La Turquie n'a réussi jusqu'à présent qu'à faire des dépenses très-grandes en disproportion avec ses ressources qui restent stationnaires ou diminuent. L'armée, la marine, avec leurs terribles engins nouveaux, les chemins de fer, dans un pays surtout qui n'a aucune grande industrie, sont extrêmement coûteux. La Turquie a pu emprunter depuis 1853 aux crédules capitalistes de l'Europe des sommes énormes, cinq milliards 63 millions en capital; une partie a été consacrée à ces dépenses, mais la Turquie est à bout de ressources; sur le dernier budget des recettes ne montant qu'à 549 millions de francs il faudrait prélever 341 millions de francs pour la dette publique (*empire Ottoman*, par Ubicini et Courteille, pages 126 et suivantes), aussi la Turquie a fait banqueroute à ses créanciers et ne trouvera plus d'argent à emprunter; elle ne pourra bientôt plus payer son armée; si elle la fait vivre par le pillage, comme elle n'a plus la force de conquérir au dehors, elle ne pourra que piller ses propres sujets et augmenter ainsi sa misère et hâter le moment de l'impuissance finale et de la dissolution.

Beaucoup de personnes dont les intérêts seraient com-

promis par une grande guerre européenne voudraient le
maintien de l'empire ottoman, et elles s'imaginent, en
voyant les succès des Turcs contre la Serbie, que la Turquie a encore une grande vitalité. Mais cette guerre prouve
au contraire sa faiblesse. Voilà plus d'une année que dure
l'insurrection de l'Herzégovine et de la Bosnie; voilà bien
des mois que le Monténégro et la Serbie ont commencé la
guerre contre la Turquie, et c'est à peine si la grande armée turque, armée et approvisionnée avec une partie des
milliards empruntés, a pu, malgré la bravoure incontes-
table de ses soldats, réprimer cette insurrection et enta-
mer les frontières du Monténégro et de la Serbie. Les
quatorze millions de Musulmans de la Turquie, assistés
d'une partie de l'armée de l'Egypte, n'ont pas encore pu
écraser ces quinze cent mille chrétiens assistés d'un ou
deux milliers de Russes. Où en serait aujourd'hui la
Turquie si la Roumanie et le petit royaume de Grèce avaient
imité la Serbie et le Monténégro, si elle avait eu à combat-
tre six millions d'ennemis nouveaux.

## II

La Turquie a ensuite à côté d'elle une très-grande puissance, la Russie qui sympathise avec les chrétiens, sujets
du sultan, chrétiens de la religion grecque comme les
Russes.

Se constituer les protecteurs des chrétiens de tout l'Orient,
c'est un moyen d'influence et de puissance que les Russes
ne voudront jamais abandonner.

Dans ce moment ils ne parlent que de leurs frères opprimés, ils doivent les soustraire à la rapacité, à la tyrannie, à la férocité des Turcs, leur assurer la sécurité et la
liberté par des administrations chrétiennes et autonomes

et si les Turcs n'y consentent pas il faut briser leur puissance.

La nation russe presse son gouvernement d'agir avec énergie, de déclarer, s'il le faut, la guerre sainte et si le Czar résistait à cet entraînement il risquerait de perdre sa popularité, son ascendant sur ses peuples, peut-être son pouvoir.

Mais le gouvernement russe a un autre objectif dont il ne parle pas encore et qui pourrait bien être le principal motif de la lutte formidable qu'il s'apprête à soutenir.

La Russie a un immense intérêt à ne pas laisser Constantinople entre les mains d'une puissance qui pourrait lui fermer le passage du Bosphore.

Il est impossible qu'une grande nation parvienne au développement de sa prospérité si son commerce n'est pas florissant, et impossible qu'il le soit, si l'on ne peut pas transporter facilement les productions des différentes provinces dans tout l'empire et de l'empire dans le monde. Or un Etat ne peut jouir de cet avantage qu'en ayant par ses rivières navigables, par ses routes et ses chemins de fer, établis facilement et utilement dans les vallées arrosées par les cours d'eau, une issue sur une mer toujours libre.

Pourquoi tant d'efforts de Pierre-le-Grand et de ses successeurs pour conquérir les côtes de la Baltique et de la mer Noire? c'est qu'il fallait entrer en communication avec l'univers, donner un débouché aux produits d'un empire, c'est que la Dwina, la Néva se jetent dans la mer Baltique, le Don, le Dniéper, le Dniester dans la mer Noire; le Volga lui-même, cet immense fleuve, pouvait avoir aussi une issue sur cette mer par le canal d'Ivanova qui réunit l'Ouka, principal affluent du Volga, avec le Don et par le canal de Kaminech qui réunit encore au Don le Volga lui-même, grossi de tous ses affluents; de sorte que le commerce de la plupart des provinces, les plus riches, les plus peuplées de l'empire russe a pour débouché la mer Noire et le détroit de Constantinople et des Dardanelles.

J'ai compté la population actuelle des provinces de la Russie européenne dont les eaux se rendent naturellement dans la mer Noire, elle s'élève à 27 millions d'âmes, répartis sur un territoire deux fois aussi grand que la France entière. Dans ces provinces s'étendent les vastes plaines des terres noires d'une fécondité si extraordinaire.

Ces provinces sont arrosées par des fleuves que nous allons comparer avec le plus grand de nos fleuves français, la Loire, afin de donner une idée exacte de leur importance.

Le bassin du Dniester, le plus petit, est presque aussi étendu que celui de la Loire, le bassin du Don est quatre fois et demi plus étendu, celui du Dniéper est cinq fois plus grand que celui de la Loire.

La population des provinces arrosées par le Volga et ses affluents au-dessus de Kaminech dont le canal le réunit avec le Don est de 23 millions, son bassin est treize fois plus étendu que celui de la Loire et près de deux fois et demi plus grand que la France entière.

Enfin les petites provinces de la lieutenance du Caucase dont les eaux se rendent dans la mer Noire (le principal cours d'eau le Kouban a un bassin qui dépasse la moitié de celui de la Loire) ont une population de 1 million et demi environ, de sorte que plus de 51 millions de sujets Russes ont pour débouché de leurs produits la mer Noire et dans un siècle, selon toute probabilité, cette population dépassera 100 millions.

La Russie, depuis la conquête de la Tartarie, enveloppe en outre aux trois quarts la mer Caspienne qui reçoit les eaux de son grand fleuve le Volga, de l'Oural dont le bassin est presque le double de celui de la Loire, de l'Emba, de l'Ossa, de la Kouma, du Tereck, du Kyr dont le bassin

est deux fois plus étendu que celui de la Loire, mais cette
mer n'est qu'un immense lac sans issue.

La Russie a le projet, qui s'exécutera tôt ou tard, d'établir un grand canal à travers les plaines situées au nord
et au pied du Caucase pour réunir la mer Caspienne à la
mer Noire, et dans ce moment même le gouvernement russe
va concéder un chemin de fer, dont les études sont faites,
de Tiflis à Bakou avec embranchement sur Erivan; comme
Tiflis est déjà en communication avec la mer Noire par le
chemin actuel de Poti, une grande ligne donnera une issue
à la mer Caspienne sur la mer Noire en enlevant à la
Turquie le transit du commerce de la Perse.

Il faut examiner avec soin les chemins de fer russes;
construits presque tous depuis vingt ans ils complètent la
navigation intérieure ou suppléent à son insuffisance et
tiennent déjà une grande place dans la vie économique,
industrielle de la Russie et dans sa transformation.

Un vaste réseau de chemins de fer en exploitation couvre déjà la Russie d'Europe depuis ses frontières occiden-
tales jusqu'à son grand fleuve du Volga et mettent en
communication tous les gouvernements et toutes les grandes villes de cet immense territoire, et dans tous les sens
de l'Est à l'Ouest et du Nord au Sud.

Trois grandes voies aboutissent à la mer Baltique, à
Saint-Pétersbourg et à Revel, à Riga, à Libau;

Deux se relient avec le réseau de l'Empire allemand près
de Kœnisberg et près de Posen;

Deux aboutissent aux chemins Autrichiens près de Kra-
covie et de Lemberg;

Une est reliée aux chemins de fer de la Roumanie;

Et enfin, six aboutissent à la mer Noire, à Odessa, à
Nicolaïef, à Sébastopol, à Marioupol, à Tangarog et à
Rostov sur la mer d'Azof.

Parmi les lignes transversales cinq aboutissent au grand
fleuve du Volga à Iaroslaw sur le haut Volga, à Nijni-

Novagorod où se tiennent les plus grandes foires du monde, à Sysran, à Saratow et enfin à Zartzin sur le bas Volga à l'endroit où ce grand fleuve a reçu tous ses affluents et touche presque au Don;

De sorte que tout le cours du Volga est en communication avec tout l'empire et notamment avec la mer Noire, et de toutes les parties de la Russie d'Europe et même de la mer Caspienne on peut se rendre à six grands ports de la mer Noire.

Ces vastes territoires grands comme quatre fois et demi la France dont je parlais plus haut, qui communiquent déjà par leurs rivières navigables et leurs canaux avec la mer Noire, peuvent donc par des voies de communications encore plus assurées, qui ne sont pas arrêtées par les gelées, diriger leurs produits et leurs voyageurs sur la mer Noire.

La Russie a donc un immense intérêt à voir le détroit de Constantinople et des Dardanelles libre en tout temps et à jamais, non-seulement pour la marine marchande, mais pour la marine militaire, pour ses relations commerciales et politiques avec l'univers. Les flottes marchande et militaire de la Russie dans la Baltique sont paralysées par les glaces pendant six mois de l'année; elle veut que sa marine au midi puisse toujours être libre de sortir de ses ports et d'y rentrer pour faire sentir en tout temps son action dans le monde.

Lorsque l'empire d'Orient avait presque toute la vallée du Danube et toutes les côtes de l'Asie-Mineure sur la mer Noire, lorsque la Russie actuelle n'était habitée que par des peuples barbares, peu nombreux, sans marine et sans industrie, le monopole du passage du Bosphore entre les mains de l'empereur de Constantinople se concevait parfaitement et n'avait nul inconvénient.

Après la conquête de l'empire d'Orient par les Turcs qui avaient toutes les côtes de la mer Noire, alors que la

Russie était faible encore, tandis que l'empire turc avait une puissance qui pendant longtemps fit trembler toute l'Europe chrétienne, il n'y avait pas à penser à la liberté du passage des détroits de Constantinople et des Dardanelles.

Mais peu à peu les choses ont complètement changé, les Russes ont grandi autant que les Turcs se sont affaiblis. Une grande partie des côtes de la mer Noire a été conquise par les Russes et une nation de 80 millions d'hommes veut aujourd'hui ce qu'on ne pourra longtemps lui refuser. Les nations civilisées ont cherché de nos jours par des traités internationaux à garantir la libre navigation sur les grands fleuves, mais la liberté des mers est plus utile encore que la liberté des fleuves, et le siècle ne se terminèra probablement pas avant qu'elle ne soit reconnue.

Actuellement les Turcs sont maîtres des deux rives du Bosphore, un ordre au commandant des forts pourrait fermer le passage et empêcher pour ainsi dire la Russie de respirer, et pour forcer la Turquie à rétracter cet ordre, il faudrait une grande guerre heureuse sur le Danube et les Balkans. La Russie tôt ou tard, fera les derniers efforts pour rendre libre à toujours le débouché de la mer Noire et de son immense empire.

Mais les autres puissances craignent que la Russie, en chassant les Turcs de l'Europe, ne leur arrache les clefs du détroit que pour les mettre dans sa poche et les garder. Maîtresse de Constantinople et des Dardanelles, la Russie pourrait ouvrir ou fermer la mer Noire ; ce serait un grand triomphe pour elle, mais qui l'exposerait à des guerres terribles.

## III

L'Angleterre qui a déjà des craintes pour son empire des Indes en voyant les conquêtes de la Russie dans l'Asie centrale et sa marche progressive du côté de l'Indhoustan, l'Angleterre, puissance essentiellement maritime, ne pourrait souffrir cette confiscation de la mer Noire au profit de la Russie.

Elle craindrait d'ailleurs que la flotte et les armées russes, se formant à l'abri des Dardanelles fermées, ne vinssent à s'élancer comme d'une forteresse immense dans la Méditerranée pour intercepter le canal de Suez, et la communication rapide de la marine marchande et militaire de l'Angleterre avec son empire des Indes et l'Australie.

Elle ne pourrait avoir l'espérance de nous entraîner une seconde fois avec elle contre la Russie et de nous faire renouveler la faute glorieuse, il est vrai, mais funeste que nous avions commise en combattant la seule grande puissance que sa position géographique indique comme notre alliée naturelle, puissance qui pourrait être si utile à notre sécurité et à notre grandeur. Situées aux deux extrémités de l'Europe, n'ayant rien à convoiter sur leurs territoires réciproques, la France et la Russie ne peuvent être ennemies que par une aberration de la politique.

L'Angleterre s'alliera à l'Autriche qui aurait encore un plus grand intérêt que l'Angleterre elle-même à s'opposer aux conquêtes de la Russie.

L'empire austro-hongrois a pour grande artère le Danube, qui se jette dans la mer Noire. Les populations des provinces arrosées par ce grand fleuve et ses affluents s'élèvent à 38 millions d'hommes à savoir, dans l'empire allemand actuel 4 millions, dans la Turquie 9 millions et dans l'empire austro-hongrois, en y comprenant le tiers de la Gallicie dont les eaux se rendent également dans la mer Noire, 25 millions.

Le bassin du Danube a une étendue huit fois plus considérable que celui de la Loire et est une fois et demi plus grand que la France entière.

Toutes les raisons invoquées par les Russes contre la fermeture possible de la mer Noire par les Turcs seraient les mêmes et encore plus fortes de la part de l'Autriche-Hongrie contre les Russes maîtres de la mer Noire et de ses détroits.

Que l'on nous permette d'insister de nouveau sur l'extrême importance de la mer Noire.

Plus de 90 millions d'Européens y trouvent un débouché naturel de leurs produits ; cette mer est peut-être supérieure en importance à la Mediterrannée elle-même. En effet les populations de l'Europe qui habitent des provinces dont les eaux se jettent dans cette mer ne s'élèvent qu'à 49 millions (six millions et demi en Espagne ; en France et en Suisse 8 millions, en Italie 27 millions, en Autriche 1 million, en Grèce et en Turquie avec les îles six millions et demi. Quand on compterait même la moitié de la population de l'Espagne et de la population de la France qui, par les canaux et chemins de fer, pourrait avoir un débouché sur la Méditerranée, et les six ou sept millions d'Autrichiens qui peuvent par des chemins de fer traversant les Alpes déboucher péniblement sur l'Adriatique, l'importance de la Méditerranée serait encore moins considérable que celle de la mer Noire.

Supposons maintenant qu'un Etat quelconque ait la prétention et le pouvoir de fermer à sa volonté l'entrée de la Méditerranée ; supposons que le détroit de Gibraltar fût aussi long que celui des Dardanelles et aussi étroit des deux côtés ; que de nouveaux Gibraltar, fussent en face les uns des autres et tous sous le même commandement ; nul navire marchand, nul navire de guerre ne peut passer sans la permission du commandant des forts ; quelle émotion produirait un pareil état de choses parmi toutes les nations dont les côtes bordent la Méditerranée, parmi tous les peuples maritimes et commerçants du monde ! ils ne pourraient supporter cette confiscation de la mer au profit d'un seul. Eh bien! ce qu'on ne souffrirait pas pour la Méditerranée, on ne peut pas le tolérer pour une mer aussi importante au moins, la mer Noire.

L'Autriche fera les derniers efforts pour l'empêcher, pour empêcher aussi la Russie d'absorber les peuples chrétiens de la Turquie d'Europe ; elle ne voudra pas être enveloppée par la Russie qui n'a déjà que trop d'influence sur les Slaves répandus dans l'Autriche-Hongrie.

Si la succession des Turcs en Europe s'ouvre, le partage ne se fera pas sans une très-grande guerre ; les provinces de la Turquie d'Europe seront-elles Russes ? Nous avons vu plus haut les obstacles que la Russie rencontrera. Ces provinces seront-elles Autrichiennes ? Tous les pays de la rive droite du Danube, la Bosnie, la Serbie, la Bulgarie, et sur la rive gauche la Roumanie seront-elles annexées à un empire qui a déjà 36 millions d'habitants, et gouvernées par l'empereur et roi 'qui commanderait alors à 45 millions de sujets ?

Il est bien difficile de croire que l'Autriche-Hongrie puisse jamais faire cette magnifique conquête malgré la Russie qui ne manquerait pas d'entrer en lutte pour s'y opposer. Prendre et garder la 'Bosnie, enclavée pour ainsi dire dans son empire et qui lui assurerait la conservation de sa grande province maritime la Dalmatie, ce serait peut-être tout ce que l'Autriche pourrait espérer.

Peut-être, après s'être battus avec acharnement pour faire et pour empêcher des conquêtes, permettra-t-on d'un commun accord aux Grecs de se réunir au petit royaume de Grèce, et aux autres races chrétiennes de la Turquie d'Europe de se constituer en petits états autonomes, en déclarant libres pour toutes les marines du monde les détroits de Constantinople et des Dardanelles et en neutralisant leurs rives ?

Une grande difficulté toutefois se présentera ; que

deviendront les trois millions et demi de musulmans de la Turquie d'Europe dissiminés dans ces provinces devenues des états autonomes. Les chrétiens conquis et opprimés par les mahométans et qui leur ont voué une haine cinq fois séculaire, après leur triomphe, ne soumettront-ils pas leurs anciens maîtres à une cruelle tyrannie ?

Si les musulmans vaincus et soumis faisaient partie d'un grand empire chrétien ils pourraient espérer de vivre sans être tyrannisés, parce qu'un grand gouvernement verrait les choses et les hommes de haut, leur enverrait pour les gouverner des fonctionnaires plus impartiaux ; ils pourraient avoir le sort qu'ont maintenant les musulmans vivant au nombre de plusieurs millions dans l'empire russe. Mais dans les petits états autonomes où domineraient les différentes races chrétiennes, rien ne tempérerait leur haine contre leurs anciens maîtres, et on peut prévoir l'expulsion violente des musulmans hors de l'Europe.

Peut-être un certain nombre d'entre eux qui n'ont rien de commun avec la race turque, dont les ancêtres chrétiens ont été forcés par la terreur d'accepter le Koran, reviendraient-ils à la religion chrétienne, mais le plus grand nombre, mais les Turcs seront exposés à une expulsion sans pitié, comme autrefois les musulmans et les juifs ont été expulsés de l'Espagne par les chrétiens victorieux.

Quoi qu'il en soit, cette autonomie de petits Etats formés dans la Turquie d'Europe serait presque aussi avantageuse pour la Russie, plus même peut-être, que leur annexion à son empire.

Par la conformité de la religion elle aurait un grand ascendant sur deux de ces états peuplés de Grecs et de Roumains et un ascendant presque absolu sur ceux qui seraient peuplés de Slaves, de la même religion et de la même race que les Russes, la Russie a été de tout temps leur appui et leur espérance.

L'Autriche-Hongrie n'aurait aucune influence sur ces petits Etats, les Allemands et les Madgyars, races dominantes, n'ayant rien de commun avec les Grecs, les Slaves et les Roumains de la Turquie ni par la religion, ni par la race, les mœurs et les idées.

IV

Dans cette succession ouverte de la Turquie, dans ce partage de ses dépouilles on voit bien quel peut être le lot de l'Angleterre. Par sa position géographique, par son chemin de fer et son canal de Suez, l'Egypte est le passage direct de l'Angleterre aux Indes et en Australie. Cette voie de communication qui raccourcit de près de douze mille kilomètres la distance entre l'Angleterre et son immense empire des Indes, lui est nécessaire, indispensable pour le défendre ; l'Angleterre s'emparera de l'Egypte ou au moins en fera sa vassale obéissante.

Mais lors de ce grand partage quelle sera l'attitude, quel sera le lot de l'empire allemand ?

Le gouvernement de Berlin, selon toute probabilité, gardera la neutralité dans une guerre qui mettrait aux prises, l'Angleterre, l'Autriche et la Russie, guerre qu'il verrait peut-être avec une joie secrète, parce qu'elle affaiblirait, quelle que fut son issue, ces trois puissances et préparerait ainsi la prépondérance de l'Allemagne.

Quant à prendre pour lui-même une partie des dépouilles de la Turquie, l'empire allemand ne peut pas y penser ; il est trop loin de la Turquie, aucune de ses provinces ne lui convient ; à peine pourrait-on supposer qu'il désirerait un ilot dans l'Archipel comme station pour sa flotte militaire ; mais il aura la pleine liberté de ses mouvements vis-à-vis de la France, sa politique ne sera entravée dans ses projets sur elle par aucune puissance.

Quelle que soit l'issue d'une guerre de l'Angleterre et de l'Autriche contre la Russie, l'Autriche, dont les finances et les forces ont été déjà bien compromises et diminuées par les guerres d'Italie et de Sadowa, en sortira fort affaiblie : vaincue, elle sera exposée à la dissolution de son empire composé de tant de races diverses ; les Allemands autrichiens tourneront plus que jamais leurs regards vers l'empire allemand. Si par impossible elle était victorieuse, s'emparait de toutes les provinces que baigne le Danube et ses affluents, réunissant neuf millions de nouveaux sujets à ses trente-six millions d'habitants, sa puissance agrandie serait plus apparente que réelle : ses conquêtes l'exposeraient aux mêmes dangers.

L'Autriche est déjà minée par les divisions de ses différentes races. Les Allemands, les Magyars ne s'aiment pas, se jalousent et sont entre eux en opposition constante, les Slaves qui sont les plus nombreux, les Roumains n'aiment ni les Allemands, ni les Magyars.

L'empire austro-hongrois ne se tient encore debout que par deux forces morales, le principe monarchique et le catholicisme.

L'hérédité du pouvoir souverain dans la maison de Habsbourg est reconnue par tous ; l'empereur et roi est le lien qui réunit les diverses races et permet à l'empire de subsister. Supposez la république proclamée à la place de la monarchie, à l'instant ces races se séparent et forment des états nouveaux, ennemis les uns des autres.

Sur trente-six millions d'habitants vingt-huit millions sont catholiques, latins ou grecs unis (vingt-quatre millions des premiers, quatre millions des seconds), il n'y a

que trois millions et demi de protestants et trois millions
de grecs non unis, et quatorze cent mille israélites.

Mais la conquête des neuf millions de sujets de la Turquie, du bassin du Danube, affaiblirait ces deux forces qui
permettent à l'empire de durer.

Les peuples actuels de l'empire sont accoutumés depuis
des siècles à vivre sous le sceptre de la maison de Habsbourg. Les neuf millions de sujets nouveaux n'auraient ni
affection, ni dévouement, ni obéissance empressée pour
l'empereur et roi et pourraient augmenter la force des
partis qui lui sont hostiles.

D'un autre côté ces peuples presqu'en totalité de la
religion grecque et qui sont malheureusement plus éloi-
gnés que jamais de reconnaître l'autorité du Pape, de se
soumettre à ses décisions infaillibles et de renoncer au
schisme, affaibliraient la puissance des catholiques et for-
meraient avec les six millions et demi de Grecs non unis
et de protestants une masse de plus de quinze millions
d'hommes qui, concentrés dans la Hongrie et la
Turquie conquise, serait un puissant élément de dissolution.

Enfin les Allemands de l'Autriche se voyant encore
plus en minorité dans l'empire agrandi, menacés dans leur
influence par les trente-cinq millions de Slaves, de Magyars et de Roumains anciens et nouveaux, ne se résigne-
raient pas à leur infériorité et seraient attirés comme des
satellites par la grande patrie allemande.

Ainsi serait facilitée, quelle que fut l'issue de la guerre,
que l'Autriche fut vaincue ou victorieuse, l'ambition secrète
de l'empire allemand qui voudra se compléter et reprendre les anciennes provinces de la confédération germanique.

Parmi ces provinces, la Bohême enclavée aux trois
quarts dans l'empire allemand entre la Silésie, la Saxe et
la Bavière, dont toutes les eaux se déversent dans la mer

du Nord par l'Elbe, le grand fleuve allemand, la Bohême dont la frontière n'est qu'à 230 kilomètres de Berlin, la distance de Paris au Havre, est indispensable à l'empire allemand. Ensuite pendant des siècles la Germanie et le Saint-Empire ont voulu traverser les monts, les Alpes, atteindre et dominer ces admirables contrées baignées par l'Adriatique et éclairées par le soleil de midi ; les aspirations des Teutons modernes seront les mêmes et l'empire allemand voudra une issue sur la mer au midi comme au nord ; l'Italie devra trembler pour son indépendance.

Dans les années qui précédèrent la guerre de 1870, des savants Allemands parcouraient la France et fouillaient ses archives pour reconnaître, à l'aide de vieilles chartes, de vieux diplômes, quels étaient les pays de France qui, à une époque quelconque, avaient fait partie du Saint-Empire, avec l'espérance que les armées allemandes feraient rentrer un jour ces pays dans la grande Allemagne. Mais pour les provinces qui faisaient partie de la confédération germanique les recherches sont inutiles ; la Bohême, la Moravie, le duché de Silésie, l'Autriche haute et basse, la Styrie, la Carniole, la Karinthie, le Tyrol et le Woralberg, Salsbourg, Trieste et l'Istrie, parties intégrantes, il y a dix ans, de la confédération germanique retourneront de gré ou de force à l'empire allemand qui comptera alors cinquante-sept millions de sujets.

Sans doute tous les habitants de ces provinces ne sont pas Allemands ; des Slaves, des Italiens et des Israélites y vivent au nombre de sept millions : mais sept millions et demi d'Allemands répandus dans ces provinces, accoutumés à dominer, et soutenus par l'influence et les survenants de la grande Allemagne, envelopperont de leurs flots envahissants ces Slaves qui marcheront et se battront pour l'empire allemand comme ont marché et se sont battus contre nous, malgré leurs sympathies pour nous, les Polonais du grand duché de Posen.

Le reste de l'empire austro-hongrois, les Magyars, au nombre de cinq millions, les Slovenes, les Croates, les Roumains, les Polonais, les Ruthènes, les Serbes seront tremblants et impuissants devant les deux colosses de l'Allemagne et de la Russie; les deux millions d'"Allemands de la Hongrie augmenteront encore l'impuissance de ce reste d'empire en dissolution.

## V

Avec le grand empire allemand de cinquante-sept millions d'habitants, s'accroissant chaque année de plus d'un demi million, plus de sécurité, plus de repos pour l'Europe.

Que deviendra la neutralité de la Suisse enserrée par l'Allemagne? Peut-être même que les dix-neuf cent mille Allemands de la Suisse seront éblouis, absorbés par le grand soleil allemand.

L'Italie, à peine échappée aux étreintes de l'Autriche, retombera sous une main plus puissante qui la fera plier comme un roseau.

Le Luxembourg, ancienne province germanique, fera naturellement partie du nouvel empire allemand.

Le pauvre Danemarck, déjà réduit à ses dix-huit cent mille habitants n'aura plus de vie possible; l'Allemagne a besoin de ses côtes, de sa flotte, de ses marins, il sera bientôt absorbé, il aura le sort des petits états du Nord.

Que deviendra l'indépendance de la Hollande? L'Allemagne n'a point de colonies; elle en veut et elle espérera en trouver de grandes et de magnifiques par l'annexion de la Hollande, qui sera forcée d'entrer dans l'empire allemand comme naguère la Bavière, ou conquise en un mois.

La Belgique, impuissante et tremblante, se courbera devant l'Allemagne, qui ne voudra peut-être pas l'absorber, lui donnera peut-être même, dans le cas d'une guerre triomphante contre la France, les départements du Nord de notre pauvre pays; mais dans tous les cas, en fera sa vassale obéissante.

L'Angleterre, par un traité récent, a voulu assurer la neutralité de la Belgique et se réserver le droit de faire entrer sa flotte et son armée à Anvers, pour la protéger et la garantir. Combien cette précaution sera vaine contre la puissance allemande, débarrassée de toute crainte du côté de la France.

Tôt ou tard, une guerre terrible aura lieu entre l'empire allemand et l'Angleterre, qui sera effrayée de voir vis-à-vis d'elle un nouvel et grand empire maritime; 700 kilomètres de côtes en face de Londres s'ajoutant aux 3,000 kilomètres de la mer du Nord et de la Baltique. Une immense flotte marchande, ayant 1,800 mille tonneaux et une flotte militaire formidable pourront lutter contre la marine anglaise.

Mais que pourra faire l'Angleterre contre l'empire allemand pour l'affaiblir et le vaincre? Son armée est trop peu nombreuse pour envahir l'Allemagne; ses vaisseaux ne pourront pas même bombarder et détruire ses ports et ses villes maritimes; l'impuissance, dans la dernière guerre, de la flotte française, due à la nature et au peu de fond des côtes prussiennes, pourrait bien être aussi le partage de la flotte anglaise.

L'Angleterre pourra-t-elle déterminer la Russie à attaquer l'empire allemand? l'état de méfiance, de sourde hostilité, qui existera toujours entre l'Angleterre et la Russie, ne permettent pas de le croire.

L'Angleterre a éprouvé des angoisses terribles, lorsqu'elle était menacée d'une invasion française par le premier consul, et cependant, à cette époque, ses flottes dominaient les mers. Aujourd'hui, avec des vaisseaux à vapeur qui marchent si rapidement et par tous les temps, armés d'engins terribles et rendus presque invulnérables, avec une flotte qui pourra être montée par des marins aussi solides que ceux de l'Angleterre et très-nombreuse, le détroit de la Manche pourra être franchi par cette terrible armée allemande, et le roman de la bataille de Dorking pourra devenir une page sanglante de l'histoire du monde.

Une autre lutte, plus gigantesque encore, est certaine dans un avenir plus ou moins prochain : la lutte de l'empire allemand et de la Russie.

Avec la grande Allemagne, absorbant le Danemarck, la mer Baltique serait un lac allemand.

Pierre Le Grand avait créé et placé sa capitale au fond de cette mer, afin d'avoir un issue sur le monde, pour son vaste empire, isolé dans l'intérieur des terres ; cette issue sera désormais à la merci de l'Allemagne. Au midi la Russie a maintenant des ports sur la mer Noire, conquis sur les Turcs qui ont encore entre leurs mains la porte de sortie de cette mer, mais les Turcs sont faibles, la Russie peut les faire trembler s'ils voulaient la fermer et espère bien leur en arracher bientôt les clefs. Mais, au nord, ceux qui tiendront les clefs de la Baltique ne seront pas faibles et tremblants, mais doués d'une force immense, ils pourront paralyser le commerce de toutes les provinces du nord de la Russie. L'empereur d'Alllemagne sera le maître du passage du Sund et tiendra dans ses mains l'existence pour ainsi dire de Saint-Pétersbourg, la capitale de la Russie.

D'ailleurs entre ces deux grands empires qui aspirent au premier rôle dans le monde, entre ces deux races, les Allemands et les Russes, qui n'ont rien de commun qu'un immense orgueil et le sentiment de leur supériorité et de leur grand avenir, la concorde ne peut pas durer long-temps, et une guerre gigantesque est infaillible dans un avenir peut-être prochain, quelle en sera l'issue ?

La Russie a pour elle l'immensité de son empire, la rigueur de son climat pendant ses longs hivers et la presque impossibilité d'y faire vivre une nombreuse armée envahissante pendant la moitié de l'année, enfin sa grande population qui pour la race Russe seule s'élève à près de soixante millions d'hommes naturellement braves, obéissants et tenaces.

La Russie n'est plus d'ailleurs ce qu'elle était au moment de la guerre de Crimée ; elle n'avait presque point alors de chemins de fer, et éprouvait de grandes difficultés à faire mouvoir ses troupes, à les concentrer, à les nourrir. Les vingt dernières années n'ont pas été seulement consacrées par la Russie, à se recueillir, mais à travailler activement. Ainsi au 1$^{er}$ janvier 1875, tandis que la Turquie entière n'avait que 1608 kilomètres de chemins de fer, la Russie avait en exploitation 18,796 kilomètres dont le réseau est admirablement disposé, ainsi que je l'ai expliqué plus haut, et 3,668 en construction (pages 196 et 527 de l'*Annuaire* de 1876). Ses armées si nombreuses pourront désormais se mouvoir, se concentrer plus rapidement et s'alimenter plus facilement.

L'Allemagne aura pour elle la supériorité de l'instruction de ses peuples, une plus exacte probité de ses fonctionnaires et de ses officiers, assurant avec une excellente organisation de ses armées, un entretien meilleur, un soin plus grand de ses soldats, elle aura un plus grand nombre de chemins de fer sur un espace moindre, ce qui permettra une concentration beaucoup plus rapide de ses armées, enfin des finances bien meilleures que celles de la Russie.

L'hostilité des Polonais contre les Russes sera utile à l'Allemagne ; sans doute les Polonais n'aiment pas plus les Prussiens que les Russes, mais ils resteront au moins inertes pendant la guerre et espèreront même améliorer leur sort en changeant de maîtres, en faisant partie d'un empire où ils auront au moins le droit de se faire représenter au Parlement allemand comme leurs compatriotes du duché de Posen.

L'Allemagne trouvera ensuite des partisans ou au moins des hommes qui ne peuvent lui être bien hostiles dans le haut personnel de l'empire russe. La Courlande, la Livonie et l'Esthonie, les plus riches pays de la Russie sur la Baltique, sont d'anciennes provinces allemandes, conquises par la Russie lorsque l'Allemagne était divisée en une foule de souverainetés; leur population qui s'élève à deux millions d'âmes, est presque toute entière protestante, les Allemands possèdent toutes les terres et peuplent toutes les villes dont les principales sont des ports de mer; ils dominent par leurs richesses, leur intelligence, leur industrie, leur instruction, le reste de la population qui n'est pas Russe, mais de race lettone et finnoise fort peu affectionnée à la Russie.

Les Allemands de ces provinces ou d'autres pays, sont partout au premier rang dans l'armée russe, dans les administrations, dans les fonctions judiciaires, et ils exercent dans ce grand empire une influence considérable, bien au-delà de ce que semblerait indiquer leur nombre. En cas de guerre avec l'Allemagne, cette influence serait un grand danger pour la Russie et pourrait préparer sa défaite.

Si l'Allemagne est victorieuse, le sera-t-elle assez pour arracher à la Russie les provinces allemandes de la Russie sur la Baltique et surtout pour les conserver, ce qui entraînerait la ruine de Saint-Pétersbourg? C'est douteux, mais ce qu'on peut croire plutôt, c'est que l'ancien grand duché de Varsovie, dont la frontière n'est qu'à 390 kilomètres de Berlin, (distance un peu moins grande que celle de Paris à Nantes), et qui se trouve enveloppée au nord et à l'ouest, par la Prusse du nord et la Silésie, reviendra à l'empire d'Allemagne, dont le territoire serait ainsi parfaitement compact. Le roi de Prusse avait eu pour sa part dans le dernier partage de la Pologne, ce même pays, avec le grand duché de Posen.

---

TROISIÈME PARTIE

# I

Des personnes ignorantes des faits, à vues courtes, seront peut-être tentées de regarder tout ce que je viens de dire comme le rêve d'une imagination maladive. Plût à Dieu que ce fut un rêve ! Mais lors des guerres d'Italie, du Mexique, de 1870, j'avais prédit tout ce qui est arrivé, je puis avoir quelque confiance dans mon jugement.

Les vieux lecteurs du *Correspondant* peuvent se souvenir d'un article que j'avais publié dans le numéro de novembre 1860, il avait pour titre : *l'Unité de l'Italie*. C'était une véritable prophétie qui frappa beaucoup alors M. Guizot, et s'est réalisée complétement.

Le 22 août 1866, un mois après la bataille de Sadowa, je publiai dans un grand journal de Paris (la *Gazette de France*, numéro du 30), un article intitulé *l'Unité de l'Allemagne*. Je le reproduis ici parce qu'il donne des renseignements de la plus haute importance, que des hommes, mêmes très-instruits, ne connaissent pas ou ont oubliés et parce qu'il prouve que j'avais vu plus loin et plus juste, non-seulement que la multitude, mais que les hommes d'Etat officiels de la France.

« *L'Unité de l'Allemagne.*

« En novembre 1860 je publiais, dans le *Correspondant*, quelques pages sur l'unité de l'Italie.

« Aux personnes qui regardaient cette unité comme impossible, je disais alors : vous êtes dans l'erreur, elle peut
se faire. A peine six ans se sont écoulés et voici qu'elle est
faite.

« Aux admirateurs de cette unité, j'expliquais ses dangers pour la France, et j'ajoutais :

« Si l'Italie réussit à se constituer en un seul Etat, le
« danger pour la France ne se bornera pas là. Cet exem-
« ple portera ses fruits et une plus grande puissance se
« formera à nos portes et contre nous.

« L'idée de l'Allemagne réunie et centralisée comme la
« France sous un seul gouvernement, cette idée qui a
« germé et se propage depuis longtemps en Allemagne,
« a reçu dans ces dernières années une impulsion puis-
« sante de la crainte inspirée aux Allemands par la France
« impériale. L'exemple du succès de l'Italie lui donnera
« une force irrésistible; la chute de l'Autriche en facili-
« tera l'exécution. Tout le parti soi-disant libéral en
« France, tout le parti centralisateur applaudiront.

« L'Angleterre elle-même, si elle voit l'Autriche, son
« contre-poids contre la France, se dissoudre, favorisera
« l'unité de l'Allemagne et nous aurons à nos portes, non
« plus une confédération d'Etats allemands dont l'attaque
« était presque impossible, la défense molle, et où l'entente
« contre nous ne pouvait jamais s'établir efficacement,
« mais une nation allemande organisée à la façon de la
« France, c'est-à-dire avec toute la puissance centralisée,
« et prête à se jeter tout entière où une volonté unique et
« suprême la poussera. »

« Ceci était écrit six années avant l'admirable discours
de M. Thiers sur les affaires de l'Allemagne et me donne
confiance dans mon jugement sur l'avenir.

« Cette unité de l'Allemagne s'accomplit.

« Par le traité de paix qui se fait dans ce moment, l'empereur d'Autriche consent à être exclu de l'Allemagne ; il

abandonne ses alliés, reconnaît à la Prusse le droit de disposer des vaincus, sauf de la Saxe-Royale, et de former une confédération du Nord, s'étendant jusqu'au Mein et comprenant la Saxe elle-même.

« La Russie laisse faire, l'Angleterre dit que ce traité ne lèse en rien ses intérêts, la France par sa médiation a semblé l'adopter, tous les petits Etats de l'Europe tremblent pour leur avenir, la Prusse triomphante va réaliser le rêve de son ambition.

« L'expulsion de l'Autriche de la Confédération germanique, c'est en effet, la fin de tous les petits états Allemands.

« Ils ne vivaient libres que par l'antagonisme de deux grandes puissances de la Confédération : l'Autriche et la Prusse. Seuls désormais en présence de la Prusse, ils ne peuvent lui résister, cessent d'être indépendants et perdent la vie avec l'indépendance.

## II

« Quelle était la puissance de la Prusse avant la guerre ?

« Quelle sera sa puissance à l'avenir ?

« Plusieurs journaux français, grands partisans de la Prusse, ont donné sur ce royaume et ses annexions des documents et des chiffres incomplets pour dissimuler l'importance et le danger de son agrandissement, je ne veux donner ici que des faits clairs, précis, incontestables. Je ne veux point me bercer d'illusions, mais voir les choses telles quelles sont.

« La Prusse avait avant la guerre, d'après le recensement

de 1863 . . . . . . . . . . 19,304,843 habitants.

« Le roi de Prusse va prendre selon son expression le Holstein et le Sleswig . . . . . . . . . 963,000   —

Le Hanovre . . . . . . . . 1,923,492   —

La Hesse électorale . . . . . 745,063   —

Nassau . . . . . . . . . . 468,311   —

Francfort . . . . . . . . . 91,180   —

de plus la partie de la Hesse Grand-Ducale située au nord du Mein, au moins . . . . . . . . . . . 353,000   —

La Prusse consent, à ce qu'on assure, à ne prendre à la Bavière que . . . . . . . . . . . . 40,000   —

Total . . . . . . 23,888,889 habitants.

« Les quatre millions et demi d'Allemands qui vont devenir Prussiens seront soumis à son régime militaire.

« La Prusse, ayant dix-neuf millions et demi d'habitants, vient de mettre sur pied sept cent mille soldats, parfaitement organisés, qui se sont battus admirablement. La plupart étaient cependant de la landwehr que nos militaires appelaient chez nous avec dédain des gardes nationaux (1). Ils ont vaincu les vieux soldats de l'Autriche.

III

« Mais la Prusse ne se bornera pas à ces 24 millions de sujets.

---

(1) Erreur profonde, la landwehr est composée des anciens soldats de l'armée active et est commandée par des officiers nommés par le roi.

« Elle va former une confédération du Nord qui comprendra tous les petits Etats non annexés et situés au nord de la Bohême et du Mein. La Prusse seule les représentera à l'étranger, commandera leurs troupes, leur imposera ses lois faites avec son Parlement allemand, les petits souverains ne seront plus que des sujets du roi de Prusse, et leurs Etats que des provinces de son royaume.

« Voici les populations de ces Etats d'après les recensements de 1864...

| | |
|---|---|
| Elles s'élèvent à. . . . . . . . | 5,860,610 habitants |
| Qui réunis aux . . . . . . . | 23.888,889       — |
| Formeront un royaume de . . . | 29,749,599 habitants |

« La Prusse pourra mettre alors un million soixante et dix mille soldats sous les armes.

« On me dira peut-être que l'armée prussienne perdra de sa force en devenant plus nombreuse et que les soldats des pays annexés se battront à regret et mal. Mais dans l'armée prussienne qui vient de se battre si bien, il y avait des soldats des provinces rhénanes assez peu affectionnées, dit-on, à la Prusse et des Polonais du duché de Posen qui ne l'aimaient pas du tout. Les nouveaux soldats de la Prusse, tous Allemands, seront bientôt aussi solides que les anciens.

## IV

« Mais l'accroissement de la Prusse ne s'arrêtera pas à ces trente millions d'hommes.

« D'après le traité que l'Autriche subit, les Etats situés au Midi du Mein pourront former une confédération séparée ou faire des traités particuliers non pas avec l'Autriche, mais avec la Prusse.

« En supposant l'hypothèse la plus favorable, la

réunion intime de ces Etats entre eux, quelle serait leur force ?

« La Bavière, à qui la Prusse enlève environ quarante mille sujets sur la rive droite du Mein, aurait . . . . . . . . . 4,767,000 habitants.

Le Wurtemberg . . . . . . 1.748,328 —

Le grand duché de Bade . . . 1,434,754 —

La partie du grand duché de Hesse située sur la rive gauche du Mein, environ . . . . . 500,000 —

La petite principauté de Liechtinstein . . . . . . . . . 7,150 —

Total . . . . . . . 8,457,232 habitants.

« Quel poids, quelle indépendance cette petite confédération pourrait-elle avoir en présence des trente millions de la Prusse?

« S'imagine-t-on que la Prusse va respecter religieusement cette confédération ? Ne cherchera-t-elle pas à faire des traités particuliers avec ces petits Etats ou plutôt ne fera-t-elle pas dans l'Allemagne du Sud ce que Victor-Emmanuel a fait en Italie après le traité de Villafranca qui lui assurait seulement la Lombardie, présent de la France victorieuse ?.....

« Si la France ne s'y oppose pas par les armes avant peu, les quatre Etats au sud du Mein seront Prussiens.

« Mais si la France veut l'empêcher, il ne faut pas se dissimuler que la tâche, facile avant la dernière guerre, deviendra fort rude. La Prusse agrandie, pourra mettre sur pied plus d'un million de soldats, présenter une résistance très-énergique, chercher même à reporter la guerre en France et à gagner une nouvelle bataille de Sadowa.

« D'un autre côté, le sentiment de la nationalité allemande que l'on a tant exalté, la haine des Allemands contre les anciennes invasions françaises, les idées de l'unité de l'Allemagne que les Français ont eu la folie de propager et de trouver admirables, pourraient bien faire retourner contre nous les Allemands eux-mêmes que nous viendrions secourir, et précipiter l'absorption de ces Etats par la Prusse au lieu de l'empêcher.

« Mais la France ne s'y opposera pas, ce qui vient de se passer le dit assez.

« Les Etats au midi du Mein seront absorbés comme ceux situés au nord par la grande Prusse.

« Alors nous aurons, sur 400 kilomètres de nos frontières un royaume qui aura trente-huit millions d'habitants, aussi riche, aussi peuplé, aussi belliqueux que la France et qui pourra mettre quatorze cent mille hommes sous les armes.....

« Avec un pareil voisin, irons-nous désarmer, comme le demande à grands cris un publiciste fameux? Pourrons-nous réduire dans la proportion la plus minime l'état militaire qui pèse déjà si lourdement sur nos finances et entrave notre prospérité? On vivra au contraire dans des craintes continuelles, et bien loin de diminuer le nombre de nos soldats, il faudra l'accroître, il faudra même probablement adopter le système prussien et déclarer que tous les Français en état de porter les armes feront partie de la réserve. Puisqu'il n'y a plus que le droit de la force, il sera indispensable d'être toujours aussi puissamment armé que ceux qui s'emparent du bien d'autrui ; la civilisation, au lieu d'avancer, reculera. La guerre d'Allemagne a porté une atteinte profonde à notre sécurité, à notre prospérité, ce n'est pas l'Autriche seule qui a été atteinte à Sadowa.

« Si un jour le nouvel empereur d'Allemagne n'est pas content de la France, une effroyable lutte est possible et qu'arrivera-t-il ?...

## V

« Si des années de paix nous séparent encore de cette grande lutte, le danger n'en sera que plus grand.

« J'appelle toute l'attention des lecteurs sur les faits que je vais signaler.

« Les Français sont toujours disposés à croire qu'ils pourraient faire encore ce que leurs pères ont fait, lutter contre toute l'Europe et même lui imposer leur volonté comme du temps de Napoléon I$^{er}$. Presque tous paraissent ignorer complétement les changements profonds qui se sont faits en Europe depuis cinquante ans dans la force respective des Etats, non pas par la guerre, mais pendant la paix.

« La puissance relative de la France a diminué depuis la fin des grandes guerres du premier empire dans une proportion considérable.

« La population et en même temps la richesse et la force de tous les grands Etats de l'Europe se sont accrus beaucoup plus rapidement qu'en France.

« Ainsi la Russie qui avait, en 1816, en y comprenant sa portion de la Pologne, à peine 40 millions d'habitants en a aujourd'hui 80 ; l'Angleterre de 20 millions s'est élevée à 30 sans compter ses immenses colonies ; la Confédération germanique, en y comprenant les provinces autrichiennes et prussiennes, avait en 1817, d'après le recensement qui fut fait pour répartir les charges de chaque Etat, une population de.  .  .  .  .  30,164,392 âmes.

« Les mêmes pays de la Confédération avaient à la fin de 1864, d'après les recensements.  .  .  .  ,  .  .  .  .  .  46,059,328  —

« Augmentation  .  .  .  .  .  .  15,894,936 âmes.

« La France avait en 1817 à peu près la même population que la Confédération germani-
que . . . . . . . . . . . . . . 29,700,000 âmes.
« Elle n'avait en 1864, si l'on déduit
les 670 mille âmes de la Savoie et du
comté de Nice, que. . . . . . . . 37,112,000 —

« Augmentation . . . . . . 7'412,000 âmes.

« Ainsi pour des chiffres de population à peu près
pareils au début, la Confédération germanique a augmenté
de près de 16 millions et la France à peine de 7 millions
et demi.

« Mais si on laisse de côté les provinces autrichiennes qui
faisaient partie de la Confédération et que l'on ne s'occupe
que de la Prusse et des Etats qu'elle va s'annexer ou absorber, la proportion de décroissance de la France est encore
plus forte.

« Les petits Etats de la Confédé-
ration avaient en 1817 . . . . . 12,668,836 habitants.
          en 1864 . . . . . 18,542,359 —

« Accroissement . . . 5,873,523 habitants.

« Soit une augmentation dans ces 47 années de 46 pour
cent, sans compter les nombreux émigrants qui sont allés
en Amérique.

« L'accroisssement de la France n'a été, dans le même
espace de temps, pour une population primitive de
29,700,000 que de 7,412,000 soit de 25,29 pour cent seulement.

« La différence est déjà très-considérable, mais si on exa-
mine à part les années qui se rapprochent du temps présent,
elle devient encore plus grande, parce que depuis 1846
notre population reste presque stationnaire.

« Ainsi dans ces petits Etats de l'Allemagne que les
Français sont tentés de trouver ridicules parce qu'ils sont

petits, que tout le parti soi-disant libéral, tous les centra.
lisateurs et bon nombre de conservateurs aveuglés plai-
gnaient si bruyamment d'obéir à des principicules au lieu
d'être commandés par un grand potentat, la population
s'est accrue beaucoup plus qu'en France, ce qui semblerait
indiquer que le régime sous lequel ils vivaient n'était pas
trop mauvais.

« Mais si nous comparons la Prusse à la France, ce sera
bien autre chose.

« La Prusse en 1817 n'avait en totalité
qu'une population de . . . . . . . .    10,536,146 âmes.
« En 1864 elle en avait . . . . . . .    19,190,464   —

« Augmentation . . . . . . .    8,654,318 âmes.

« C'est un accroissement de 82 23 0/0, tandis que la
France n'augmentait dans ce même espace de temps que de
25 29 0/0.

« En outre, l'accroissement de la population de la Prusse
ne tend pas comme celui de la France, à se ralentir depuis
vingt ans.

« D'après le recensement de 1846 la
Prusse avait . . . . . . . . . . .    16,112,948 âmes.
« D'après celui de 1864. . . . . . .    19,190,464   —

« Excédant. . . . . . . . .    3,077,516 âmes.

« C'est pour ces dix-huit années un accroissement de
18 40 0/0, tandis que la France, dans le même espace de
temps, n'a qu'un accroissement de 5 0/0 à peine.

« Si les 38 millions d'hommes que le roi de Prusse va
gouverner continuent à s'accroître dans la même proportion, cette puissance aura dans vingt ans 43 millions de
sujets et la France à peine 40.

« Les dangers de la France, loin de diminuer, augmenteront avec le temps.

# VI

« Avant la guerre d'Italie et la guerre d'Allemagne, malgré les traités de 1815, entamés déjà par notre épée, la France pouvait remplir encore une noble mission ; elle avait pour voisins, au midi, de petits États italiens, à l'est, de petits États allemands, qui la respectaient et espéraient en elle pour conserver leur indépendance ; elle pouvait exercer un noble patronage, elle n'avait pas à craindre pour son existence, sa sécurité était complète. Dorénavant elle n'aura plus de patronage à exercer, au midi, l'Italie, formant un seul État de 25 millons d'hommes, pleine de vanité et de dépit à la pensée d'être notre cliente, ne sera-t-elle pas tentée de se révolter contre notre influence ? Elle étonnera peut-être aussi le monde, par la grandeur de son ingratitude. A l'est et au nord nous serons limités par un puissant empire toujours grandissant et animé de l'esprit de Frédéric le Grand et de Blücher qui voulait partager la France après nos désastres.

« Nous n'aurons plus à protéger que la Belgique, et si nous voulons, à l'imitation de la Prusse et comme compensation, nous l'annexer, nous aurons à compter avec l'Angleterre et l'empire d'Allemagne.

« Depuis les invasions de 1814 et de 1815, rien de plus funeste pour la France que les événements de l'Allemagne en 1866.

« Ce n'est pas l'avis, je le sais, des politiques de la nouvelle école ; des citoyens de l'univers et des adeptes de la démocratie universelle. A leurs yeux tout ce qui se passe est parfait. Si les Allemands se réunissent tous, si même le plus fort d'entre eux brise par les armes les indépendances locales qui ne voudraient pas mourir, tant mieux ; la France pourra diminuer, il est vrai, par l'agrandissement de ses voisins, mais qu'importe? La France n'exercera plus d'influence autour d'elle, perdra de sa gloire et de sa force, mais qu'importe? Les autres peuples n'en vivront que mieux.... La France laissait dans l'ombre les autres nations,

> Chaque peuple à son tour *doit* briller sur la terre.

« D'ailleurs la France ne peut courir aucun danger personnel; si elle laisse l'Allemagne tranquille, si elle s'occupe de ses travaux publics, des embellissements de Paris et de ses grandes villes, de sa littérature, de son industrie, sans se mêler des affaires des autres nations, si elle est sage, la Prusse ne l'attaquera pas. Vivons donc en paix et réjouissons-nous du triomphe des nationalités.

« Non, je ne puis pas me réjouir.

« Je l'avoue, je suis un vieux français de la vieille école, j'admire encore tous ces grands hommes d'Etat Français qui ont eu un amour égoïste pour leur patrie. Pour moi, la France passe avant l'Italie, la Prusse et le principe des nationalités; toute atteinte à la grandeur de mon pays me frappe au cœur.

« Le duc de Richelieu, après avoir signé le traité du 20 novembre 1815, écrivait le lendemain :

« Tout est consommé. J'ai apposé hier, plus mort que
« vif, mon nom à ce fatal traité. J'avais juré de ne pas le
« faire et je l'avais dit au Roi; ce malheureux prince m'a
« conjuré, en fondant en larmes, de ne pas l'abandonner
« et dès ce moment je n'ai pas hésité. J'ai la confiance de
« croire, que sur ce point, personne n'aurait mieux fait
« que moi, et la France expirante sous le poids qui l'ac-
« cable, réclamait impérieusement une prompte déli-
« vrance. »

« Noble duc de Richelieu, dont le patriotisme était aussi ardent et plus pur que celui de votre illustre grand oncle, vous n'avez signé qu'en frémissant de douleur et d'indignation ce traité qui humiliait et diminuait la France, mais qui au moins délivrait le sol de la patrie des hordes étrangères ; si vous viviez encore, que diriez-vous de ces nouveaux traités qui, à l'égard de la France, ne détruisent pas ceux de 1815, mais les aggravent, qui l'empêcheront de remplir à l'avenir son rôle glorieux en Europe, l'emprisonneront dans ses frontières et la menacent d'un danger immense et toujours croissant. »

Voilà ce que j'écrivais il y a seize ans et dix ans. Etais-je alors un rêveur ou un voyant, je le demande ? Ce que je prédis aujourd'hui arrivera, selon les probabilités humaines, comme est arrivé ce que j'avais prédit depuis plus longtemps encore, car mon ouvrage sur la *Décadence de la France* a été publié depuis près de trente ans.

Le grand empire allemand, de plus de soixante millions d'hommes, se fera et, qui plus est, il durera.

Au commencement de notre siècle, Napoléon Ier avait par ses victoires édifié un empire immense, mais cet empire n'avait point de chance de durée ; Napoléon l'avait formé avec une précipitation fiévreuse, il accumulait sans cesse conquêtes sur conquêtes, l'édifice qu'il élevait n'avait pas le temps de se solidifier. Ensuite il absorbait en les opprimant des peuples d'autres langues, d'autres races que nous, des peuples qui étaient placés bien en dehors de la France et nous détestaient ; les Français étaient trop peu nombreux pour les tenir toujours sous le joug.

Mais pour la grande Allemagne c'est bien différent. Son gouvernement n'agit point avec la fièvre de précipitation de Napoléon, il continuera à former avec vigueur mais avec prudence, par des annexions autant que par des conquêtes, un empire immense, compact, au centre de l'Europe où la race allemande, si nombreuse, dominera sans grandes difficultés les quelques millions d'hommes d'autres races répandus dans l'intérieur de cet empire, et cet empire sera formé et gouverné par une race royale, non pas énervée, abâtardie, mais saine, vigoureuse, toute militaire et qui ne craint pas d'avoir pour ministre des hommes supérieurs comme Bismarck, le Richelieu prussien. A soixante-treize ans le roi Guillaume fait toute la campagne de France et son fils et son neveu commandent ses principales armées avec une énergie et un talent qui rappellent Frédéric-le-Grand et son frère le prince Henri.

Les peuples mêmes qui sont en dehors de l'Allemagne et qu'elle s'annexera, comme les Danois, les Hollandais, les Flamands, ont de grandes affinités avec les Allemands, ils sont eux-mêmes d'origine teutonique ; leurs mœurs, leurs idées, leur langue sont presque les mêmes, ils se fondront sans grands efforts dans la grande unité allemande qui se fera, durera et dominera l'Europe.......... si la France est de nouveau vaincue, épuisée, écrasée par l'Allemagne et réduite à une impuissance absolue.

Novembre 1876.

RAUDOT,
Ancien député de l'Yonne.

Auxerre. — Imp. E. ROBERT, rue de Paris, 127.

AUXERRE. — IMPRIMERIE E. ROBERT, RUE DE PARIS, 127